EL CAMINO DE UN SOÑADOR

El Camino de un Soñador

HECTOR A. IBARRA

THE ROAD
OF A
DREAMER

Esta es una obra de no ficción basada en los recuerdos y experiencias personales del autor. Se han cambiado algunos nombres y datos de identificación para respetar la privacidad de las personas.

Primera edición, 2025

ISBN: 979-8-9940261-2-0

Diseño de portada y formato interior por Héctor Ibarra

en colaboración con ChatGPT de OpenAI

Impreso en los Estados Unidos de América

Publicado por The Road of a Dreamer LLC –

www.theroadofadreamer.com

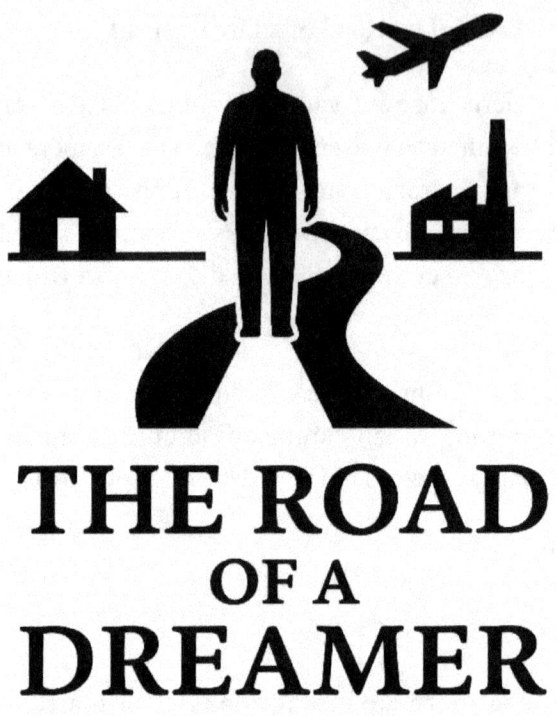

THE ROAD
OF A
DREAMER

Algunos caminos están pavimentados con certeza. Otros, como el mío, se forjan paso a paso con perseverancia, fe y un sueño que se negó a morir. Desde una infancia polvorienta en Piedras Negras hasta una despedida silenciosa en la frontera de Estados Unidos, he aprendido que la resiliencia no se construye de la noche a la mañana; se moldea con la familia, el fracaso y la esperanza de algo mejor.

El Camino de un Soñador no es una historia de perfección. Es una historia de caídas hacia adelante: de ser un niño que habló demasiado, un adolescente que amó con demasiada intensidad, un hombre que siguió las lecciones de su padre y un líder que caminó hacia el fuego para que otros no tuvieran que hacerlo.

En estas páginas, comparto no solo lo que viví, sino también lo que sentí. Y espero que, dondequiera que te encuentres en tu propio camino, encuentres un poco de luz en el mío.

TABLA DE CONTENIDO

DEDICACION

A mi esposa, Patty, cuyo inquebrantable amor y creencia en mí ha sido un ancla en cada capítulo de la vida.

A mi hija Anna, cuya curiosidad, compasión y fortaleza continúan inspirándome.

A la memoria de mi padre, cuya silenciosa resiliencia y arduo trabajo sentaron las bases de mis sueños.

A mi madre y hermanos, cuyo apoyo e historia compartida me dieron el coraje para forjar mi propio camino.

Y a cada amigo, mentor y compañero de trabajo que se cruzó en mi camino: gracias por dejar su huella en mi historia.

Este libro no trata sólo del camino de un soñador: trata de todos aquellos que caminaron junto a él.

CAPÍTULO 1: LA PRIMERA INFANCIA EN PIEDRAS NEGRAS

Nací en Piedras Negras, Coahuila, un pequeño pueblo fronterizo entre México y Estados Unidos. Mis primeros recuerdos están envueltos en el calor polvoriento de nuestro barrio, donde los niños jugaban descalzos en las calles hasta que el sol se ponía en el horizonte. La vida era sencilla, arraigada en fuertes valores familiares y reglas tácitas de respeto y resiliencia. Mis padres eran firmes pero cariñosos, y el vínculo entre mis hermanos y yo se forjó a través de innumerables aventuras y travesuras compartidas.

Mi familia siempre fue un pilar fundamental en mi vida. Crecí en Piedras Negras y fui el mayor de tres hermanos. Mis padres eran cariñosos pero trabajadores, y cada uno desempeñó un papel único y vital en la formación de mi futuro.

Antes de que mi padre se hiciera famoso por sus años en la fábrica de vaqueros Wrangler, tuvo un camino completamente diferente. Estudió y trabajó como ingeniero topógrafo, una profesión que moldeó su disciplina, su mentalidad técnica y su meticulosa atención al detalle.

En aquellos primeros tiempos, a mi padre se le veía a menudo en los campos de Coahuila, armado con un teodolito, midiendo terrenos con precisión. Amaba la geometría y los cálculos, pero más que eso, admiraba la estructura y la planificación. Su enfoque en la topografía no se basaba solo en números; se trataba de ayudar a forjar el futuro de las comunidades en desarrollo.

Su trabajo como topógrafo era exigente. A menudo salía antes del amanecer y regresaba bien entrada la noche, quemado por el sol y cansado, pero con una silenciosa sensación de logro. Traía a casa historias sobre su trabajo en zonas remotas, su manejo de terrenos difíciles y la camaradería que se forjó en su equipo. Esta experiencia le inculcó una resiliencia y una ética de trabajo que lo acompañarían toda la vida.

Cuando se le presentó la oportunidad de trabajar en la fábrica de pantalones Wrangler, al principio no era lo que tenía en mente. Fue un cambio radical, pero no por decepción, sino por necesidad y amor a su familia. El trabajo estable en Wrangler le ofreció estabilidad, y aceptó el cambio con agrado. Lo notable es cómo aplicó la misma mentalidad de ingeniero a su trabajo en la fábrica. Aprendió todos los procesos, comprendió la maquinaria y siempre buscó maneras de que las operaciones fueran más fluidas y eficientes.

En Wrangler, no era solo un trabajador, sino una persona confiable de la empresa. Su experiencia en topografía le dio una ventaja única; comprendía los sistemas, los patrones y la importancia de la precisión. Ya fuera alinear las costuras de unos pantalones o planificar un turno, lo hacía con un propósito.

Pensando en el pasado, creo que ser ingeniero topógrafo fue más que un trabajo: sentó las bases de quién era. Le enseñó a observar, planificar y perseverar. Esas cualidades lo acompañaron durante toda su carrera, desde el campo hasta las plantas de producción. Siempre decía que la vida se trata de adaptarse, y vivió esa verdad. Desde calcular la elevación del terreno hasta ayudar a confeccionar los jeans que usa la gente común, moldeó paisajes y vidas.

En aquel entonces, los pantalones Wrangler no eran solo una declaración de moda; eran un símbolo de durabilidad, trabajo duro y orgullo. Mi padre era uno de los muchos trabajadores calificados que dedicaban largas horas a asegurarse de que cada puntada, cada costura y cada remache estuvieran hechos a la perfección. No los diseñaba ni los vendía, pero contribuía a darles vida.

Trabajaba con las máquinas que cortaban y cosían la mezclilla, a menudo rodeado del zumbido constante de las máquinas de coser industriales y el penetrante y familiar aroma a mezclilla y aceite de máquina. Era un trabajo repetitivo, físicamente exigente y a veces mentalmente adormecedor, pero nunca se quejaba. Tenía una dignidad discreta en su trabajo: contribuía a algo tangible, algo que la gente usaba a diario.

La fábrica de Wrangler también fue donde mi padre desarrolló su ojo para la calidad. Más tarde, llevaría esta habilidad consigo a General Motors, donde hizo la transición de las máquinas de coser a las líneas de ensamblaje de automóviles y finalmente se convirtió en Gerente de Calidad. Pero la base se construyó en esa fábrica de jeans.

Una vez me dijo que trabajar en Wrangler le enseñó el valor de hacer bien las pequeñas cosas: los pequeños ajustes, los esfuerzos invisibles que marcan una gran diferencia en el producto final. Esa lección se me quedó grabada. Ya sea que cotizara un proyecto como ingeniero o administrara una planta de producción completa, siempre pensé en el trabajo "invisible" que lleva a resultados visibles.

Pensando en el pasado, veo que parte de mi ética de trabajo y respeto por el proceso de fabricación estaban arraigados en ver a mi padre regresar a casa de la fábrica de Wrangler. Era más que solo mezclilla. Era disciplina. Era artesanía. Era orgullo por el trabajo bien hecho.

Mis hermanos Alex y Jorge eran más cercanos en edad, lo que naturalmente los unió más. A menudo me encontraba al margen de su camaradería, lo que me impulsó a conectar con personas mayores. No tardé en descubrir que me sentía más cómodo hablando con adultos que con niños de mi edad. No era tímido; de hecho, era extrovertido y curioso. Me encantaba conversar, contar historias y aprender de las experiencias de los demás.

Un recuerdo en particular sobresale de mi infancia. Mi habitación tenía una ventana que daba a la calle. Una noche, mi madre vio a una mujer mirándome fijamente. Alarmada, llamó a mi padre. La mujer fue llevada a un centro de salud mental, y más tarde se descubrió que me había estado observando durante varias noches. No lo recuerdo, pero la vívida forma en que mi madre me contó la historia lo hizo sentir como parte de mi propia memoria.

A pesar de este momento inquietante, la mayoría de mis primeros recuerdos son alegres y llenos de curiosidad. Recuerdo participar en un concurso de canto en una radio local. Mi madre había oído hablar de él y me animó a intentarlo. Canté "El Rey" de José Alfredo Jiménez, de pie con confianza frente a un público en vivo con música sonando detrás de mí. Cuando regresé a casa con mi premio —tres discos de larga duración de Cepillín, un querido artista infantil—, me sentí como un campeón. Ese momento consolidó algo en mí: nunca le tuve miedo al público, ni al escenario, ni a un micrófono.

Estas primeras experiencias dejaron claro que tenía un don para la comunicación. Podía expresarme, captar la atención y conectar con la gente. No me preocupaba que se rieran de mí ni que me juzgaran. Simplemente disfrutaba de la interacción. Comunicarme no era solo hablar, era compartir ideas, conectar emocionalmente y dejar que la gente viera quién era.

Pensando en el pasado, estos años de formación sentaron las bases de muchas cosas: mi eventual amor por hablar en público, mi confianza en los roles de liderazgo y mi inclinación natural por contar historias. Fueron la semilla de un viaje que duraría toda la vida para conectar, inspirar y reflexionar.

Piedras Negras también fue el escenario de mis primeras travesuras. Cuando tenía unos 7 u 8 años, mis amigos y yo nos armamos con pistolas de aire comprimido y salimos a "cazar" las botellas de Coca-Cola apiladas detrás de la fábrica. Nos escondíamos y disparábamos hasta que alguien gritaba: "¡Atrapen a esos niños!" y salíamos corriendo a casa, riéndonos a carcajadas. Tuvimos suerte de que nunca nos atraparan. Ese mismo año, uno de nuestros amigos llevó una cerveza a una casa del árbol y decidimos compartirla con popotes. ¿El resultado? Mareo de borracho. Ni siquiera podía bajar. Tuvimos que esperar a que el mundo dejara de girar. Esa fue una de las pocas veces que me emborraché en mi vida.

Un día, mi tío notó algo parpadeando en el cielo. Curiosos, tomamos una de las herramientas de topografía de mi papá —un teodolito— y nos turnamos para mirar a través de él. Lo que vimos parecía sacado de la ciencia ficción: un objeto plateado con forma de diamante y luces en el centro. Al poco tiempo, los vecinos se reunieron en nuestro porche para verlo. El periódico local incluso lo informó, llamándolo un avistamiento de ovnis del Sr. Ibarra. Al cruzar la frontera hacia Eagle Pass después, los agentes estadounidenses a veces preguntaban con sarcasmo: "¿Tú eres el del ovni?". Mi papá simplemente se reía y decía: "Bueno, eso es lo que decía el periódico". Años después, cuando vi *Encuentros Cercanos del Tercer Tipo*, todo volvió a mi memoria. Todavía no sé qué vimos ese día, pero fue una de esas historias que se me quedaron grabadas de mi vida en Piedras Negras.

Estos momentos moldearon mis primeros años: momentos de alegría, miedo, curiosidad y una constante sensación de asombro. Fueron los primeros cimientos de la persona en la que me convertiría.

CAPÍTULO 2: QUERÍAS LO MEJOR Y OBTUVISTE LO MEJOR

Tenía siete años y vivía en Piedras Negras cuando descubrí por primera vez algo que cambiaría mi forma de ver el mundo: KISS. Era una tarde tranquila en nuestra modesta sala. El televisor, una caja voluminosa con antenas de orejas de conejo envueltas en papel de aluminio, brillaba con colores que siempre me parecían un poco apagados. Mis hermanos y yo estábamos acurrucados, cambiando de canal, cuando de repente... allí estaban.

Cuatro hombres, vestidos de cuero y con púas, con las caras pintadas como héroes de cómic vivientes, tocando rock con una pasión y una furia que jamás imaginé posible. Me quedé paralizado. Su nombre apareció en letras negritas y electrizantes: KISS. Eran teatrales, ruidosos, rebeldes y completamente cautivadores. No entendía ni una palabra de lo que cantaban, pero no importaba. Algo dentro de mí se iluminó. Tenía que saber más. Tenía que apropiarme de esa sensación. Unos días después, todavía rebosante de emoción, le pregunté a mi madre si podía comprar un disco de Kiss. Se enteró por una amiga del barrio de que había un adolescente a pocas cuadras que no solo tenía álbumes de KISS, sino también una colección de pósters y fotos. Con mis pocos ahorros —en su mayoría monedas que había guardado en una cajita— fuimos a verlo. Su habitación era como un santuario para la banda. Pósters de Gene Simmons escupiendo fuego, Paul Stanley con su maquillaje de ojos estrellados, Ace Frehley con aspecto de extraterrestre y Peter Criss detrás de su batería rodeaban las paredes.

Le dije que quería comprar algo, lo que fuera, para sentirme conectado con lo que había visto. Revisó su pila y sacó una copia de "Dinastía". La portada por sí sola era hipnotizante. Me dijo que era uno de sus últimos álbumes y me enseñó algunas fotos que lo acompañaban. Con toda la seriedad de un niño de siete años en una misión sagrada, le entregué mis ahorros. El disco era mío.

Corrí a casa aferrándolo como un tesoro. Solo sostener el vinilo y estudiar cada detalle de la portada me dio una inmensa alegría. Finalmente, logré tocarla, y a medida que la música giraba, sentí que mi mundo se expandía un poco más. Ese momento, en Piedras Negras, marcó el comienzo de mi amor por la música y la narrativa, que duraría toda la vida.

KISS no era solo una banda; eran una banda inmensa. Y para un niño que crecía en la frontera, eran un portal a un mundo donde la expresión no tenía límites.

CAPÍTULO 3: UNA DE LAS TRES GRANDES A SALTILLO

Dejar Piedras Negras fue una de las primeras transiciones importantes de mi vida. Era un niño cuando mi familia decidió que era hora de mudarnos a Saltillo. A esa edad, el cambio puede parecer una aventura, pero también puede ser inquietante. Piedras Negras había sido mi hogar, mi patio de recreo y el escenario de mis primeros recuerdos: desde andar en bicicleta por calles polvorientas hasta jugar con mis primos y asistir a la primaria con caras conocidas. Era un lugar donde todo y todos se sentían conocidos y seguros.

La decisión de mudarnos surgió del deseo de mis padres de brindarles una vida mejor y más oportunidades a sus hijos. Mi padre, un hombre trabajador, tenía ambiciones que trascendían las fronteras de nuestro pequeño pueblo. Veía Saltillo no solo como una ciudad más grande con mayor potencial económico, sino también como un lugar donde sus hijos podrían acceder a una mejor educación y un camino más estructurado hacia un futuro profesional.

Recuerdo un viaje por carretera que marcó mi infancia. Íbamos de Piedras Negras a Saltillo, y nuestro autobús tuvo que atravesar una peligrosa zona montañosa llamada La Muralla, entre Monclova y Saltillo. Conocida por sus accidentes mortales y sus carreteras sinuosas, me aterrorizó. El conductor, quizá intentando impresionarnos o asustarnos, señaló un barranco y dijo: "¿Ven ahí abajo? Cayó un autobús. Todos murieron". Fuera cierto o no, el miedo me acompañó. Viajábamos por ese camino a menudo, y cada vez me latía el corazón con fuerza.

Recuerdo el día que por fin empacamos nuestras pertenencias. Mis hermanos y yo estábamos emocionados y nerviosos. Al principio, la idea de mudarnos a una nueva ciudad parecía una aventura: nuevas calles que explorar, nuevas escuelas, nuevos amigos. Pero también había miedo. ¿Y si no les gustaba a los niños de la nueva escuela? ¿Y si no encajaba?

El viaje a Saltillo fue largo y silencioso. Mi padre seguía concentrado en la carretera, mi madre miraba por la ventana con una mezcla de tristeza y anticipación en los ojos. Yo estaba sentado en el asiento trasero, preguntándome cómo sería nuestro nuevo hogar, intentando imaginar un futuro que aún estaba borroso en mi imaginación.

Cuando llegamos a Saltillo, no se parecía en nada a Piedras Negras. El aire se sentía diferente: más fresco, menos polvoriento. La ciudad era más grande, más moderna y mucho más intimidante para un niño acostumbrado al ritmo de vida de un pueblo pequeño. Las casas estaban construidas más juntas, las escuelas eran más grandes y las calles eran más ruidosas. Me sentí pequeño de nuevo, como si me hubieran dejado caer en un mundo nuevo donde no me habían explicado las reglas.

Los primeros días en mi nueva escuela fueron duros. Era tímido e inseguro, extrañaba a mis viejos amigos y maestros. Pero poco a poco, comencé a adaptarme. Descubrí que Saltillo tenía su propio encanto: una rica cultura, edificios históricos y gente amable que, una vez que te conocía, te trataba como a un miembro de la familia.

Nuestra nueva casa en Saltillo se convirtió en el lugar donde se desarrollarían muchas de las experiencias formativas de mi juventud. Fue en Saltillo donde me enamoré por primera vez, me metí en problemas en mi preparatoria católica, comencé a soñar con ser ingeniero de sonido y finalmente me decidí por la Ingeniería Industrial. Fue un lugar de transformación, no solo para mí, sino para toda mi familia.

Pensando en el pasado, esa mudanza fue el primero de muchos pasos audaces que moldearon mi camino. Fue un recordatorio de que, a veces, la incomodidad del cambio es la cuna del crecimiento. Y aunque dejé un pedazo de mi infancia atrás en Piedras Negras, llevé conmigo las raíces que me mantendrían arraigado en cada nuevo lugar al que llamaría hogar.

La mudanza había sido un cambio significativo, pero Saltillo era una ciudad en crecimiento y llena de nuevas oportunidades. Uno de los acontecimientos más impactantes durante esta época fue el establecimiento de la fábrica de General Motors en Saltillo. Esto cambiaría no solo el panorama económico de la región, sino también el rumbo de la vida de nuestra familia.

General Motors buscaba profesionales talentosos y con experiencia para ayudar a construir y administrar su planta de manufactura de vanguardia. Fue una decisión audaz y estratégica que se alineó con el creciente desarrollo industrial en el norte de México. La industria automotriz estaba en expansión, y la ubicación de Saltillo la convertía en un centro ideal para la producción y distribución en todo el continente.

Cuando contrataron a mi padre como Gerente de Calidad, fue un momento de gran orgullo para toda nuestra familia. Había trabajado incansablemente durante toda su vida y ahora recibía el reconocimiento de una de las empresas más grandes del mundo. Su rol fue crucial. No solo supervisaba la calidad, sino que ayudaba a sentar las bases de cómo se definiría y mediría la calidad en esta nueva planta.

De niños, no comprendíamos del todo la magnitud de su labor, pero percibíamos la diferencia. Poseía un sentido de responsabilidad que era a la vez inspirador y humilde. Ahora formaba parte de algo mucho más grande, algo que definiría una era en la trayectoria industrial de Saltillo.

El nuevo puesto de mi padre trajo estabilidad a nuestro hogar, pero también implicó sacrificio. A menudo llegaba tarde a casa, cansado pero satisfecho, hablando de inspecciones, especificaciones y la importancia de hacer las cosas bien a la primera. Nos enseñó que la calidad no era solo cuestión de trabajo; era un valor, una forma de vida.

Con el tiempo, General Motors se convirtió en uno de los empleadores más importantes de la región, y las contribuciones de mi padre fueron parte de ese legado. Su disciplina, pasión por el aprendizaje y ética laboral contribuyeron no solo a forjar los estándares de la planta, sino también las futuras oportunidades para muchas familias de Saltillo.

Pensando en el pasado, ahora me doy cuenta de cuánto influyó en mi trayectoria profesional observarlo en aquellos años. Él no solo construía automóviles: construía una vida mejor para nosotros y me mostraba el camino que algún día yo mismo recorrería.

CAPÍTULO 4: CAPITÁN CAVERNÍCOLA

"No es cómo te llamen, sino a qué respondes." – El sabio consejo de mi madre, dado a los doce años, resonó en mi mente durante años. En aquel entonces, no estaba tan seguro de creerlo. En secundaria, los nombres se te pegan como chicle, les respondas o no.

Me gané el apodo de "Capitán Cavernícola" en una tarde de otoño, por lo demás normal, de sexto de primaria. Acababa de sonar el timbre para el almuerzo y yo iba corriendo al campo de fútbol. Mi amigo Vladimir se me acercó corriendo por detrás y, de repente, lanzó un grito fuerte y cómico: "¡CAPITAN CAVERNICOLAAAAA!". Su voz resonó en los armarios metálicos. Me quedé paralizado mientras algunas cabezas se giraban hacia nosotros. Me ardían las mejillas de confusión y una ligera vergüenza. Vladimir sonreía de oreja a oreja, visiblemente divertido consigo mismo. No tenía ni idea de qué estaba hablando.

Mientras íbamos al patio, le pregunté: "¿Por qué gritaste 'Capitán Cavernícola'? ¿Quién se supone que es?". Vladimir apenas pudo contener la risa. "¿nunca has visto la caricatura antigua?", rió entre dientes. Al ver mi expresión inexpresiva, se lanzó a una explicación: el Capitán Cavernícola era un superhéroe prehistórico de una serie clásica de Hanna-Barbera, un cavernícola bajito y peludo con un garrote que gritaba su propio nombre como grito de guerra. Ese mismo día, yo estaba encorvado sobre mi escritorio, con mi largo cabello desgreñado casi cubriéndome los ojos mientras garabateaba notas furiosamente. Vladimir pensó que me parecía exactamente al cavernícola de la caricatura a punto de atacar su cuaderno. Así, por capricho, nació el apodo.

Solté una risita débil, ja, ja, muy gracioso, e intenté actuar con indiferencia. Pero por dentro, sentía una punzada de timidez. A los doce años, lo último que quieres es que te comparen con un personaje de dibujos animados prehistórico. Recuerdo pasarme los dedos por mi espeso cabello castaño y darme cuenta de que se había vuelto bastante rebelde . Esa noche, me paré unos minutos más frente al espejo. ¿De verdad tenía la nariz tan grande? ¿Tenía las cejas tan pobladas? En realidad, me había desarrollado temprano: ya era un poco más alto y, sí, más peludo que algunos de mis compañeros de clase. Mi madre decía que simplemente estaba "madurando rápido", pero en la secundaria eso solo significaba más munición para las burlas.

Durante los siguientes días, la broma de Vladimir se popularizó más rápido de lo que imaginaba. En los pasillos, oía algún gruñido ocasional o a alguien tarareando la canción de Los Picapiedra al pasar. Un par de bromistas de mi clase empezaron a saludarme golpeándose el pecho y diciendo "¡Uf! ¡Uf!" como cavernícolas. Era mortificante y un poco gracioso a la vez. Intenté reírme, pero cada vez que oía el eco de "¡Cavernícola!" detrás de mí, sentía un torbellino de emociones: diversión, vergüenza y fastidio a partes iguales.

Lo peor fue que incluso gente que no era mi amiga empezó a usar el apodo. Se había infiltrado en el ambiente escolar. En la clase de gimnasia, al elegir los equipos de fútbol, alguien gritó: "¡Quiero al Caver en mi equipo!" y una oleada de risas recorrió el grupo. Casi esperaba que el entrenador empezara a usarlo. Por suerte, la mayoría de los profesores siguieron usando mi nombre real, pero el daño ya estaba hecho: todos en séptimo grado sabían quién era el Capitán Cavernicola, y que era yo.

En casa, fingí que todo estaba normal. No les conté a mis padres sobre el apodo enseguida. Una parte de mí temía que reaccionaran de forma exagerada y llamaran a la escuela, lo que solo empeoraría las cosas. Otra parte de mí estaba extrañamente avergonzada, como si yo hubiera hecho algo para merecer ese apodo. Cuando mi madre por fin oyó el nombre (al oír a Vladimir llamarme "Cavernícola" cuando vino de visita), me sentó para preguntarme. "¿Te llaman Capitán Cavernícola? ¿Por qué?", preguntó con suavidad, visiblemente preocupada por si era una mala intención. Me encogí de hombros, fingiendo tranquilidad. "Es solo una broma tonta, mamá. Por mi pelo, supongo". Forcé una risa. "No es para tanto".

Fue entonces cuando me dio el consejo que llevaría conmigo durante años: «Recuerda, no importa cómo te llamen. Importa a qué respondes». Me revolvió el pelo y añadió con un guiño: «Pero quizá un corte de pelo no vendría mal». Conseguí reírme de verdad. Esa noche, consideré seriamente aceptar su sugerencia, como si domarme el pelo pudiera borrar el apodo de cavernícola. Al final, solo lo recorté un poco. En el fondo, sabía que un simple corte de pelo no cambiaría la imagen que mis compañeros tenían de mí de la noche a la mañana.

El apodo se me había quedado pegado como un chicle.

A pesar de mi aparente indiferencia, el Capitán Cavernícola me pesaba. Me preocupaba: ¿Es esto todo lo que la gente ve cuando me mira? ¿Una caricatura de cavernícola ? En clase, participaba menos, temeroso de que si decía algo incorrecto alguien gruñera o se burlara: "¡Cavernícola, qué desastre!". De niño, un apodo puede parecer un disfraz que no elegiste usar, y no estaba seguro de si algún día podría quitármelo.

Mi primer año en una escuela de Saltillo fue en sexto grado de primaria. Este fue el último año antes de pasar a la secundaria.

Era el viaje de graduación de sexto grado, el que todos habíamos estado esperando durante semanas. Por fin íbamos a dejar atrás nuestros uniformes, aulas y profesores estrictos para disfrutar de unos días de libertad y diversión. Nuestro destino era varios lugares del centro de México, y aunque estaba a solo unas horas de distancia, para un grupo de niños de doce años, se sentía como cruzar a otro país.

En cuanto llegamos, empezó el caos. Había algo eléctrico en el aire: libertad, emoción, la primera experiencia real de independencia. Nos separaron en grupos y nos asignaron habitaciones de hotel. Los chicos dejaron sus mochilas e inmediatamente empezaron a reclamar camas, gritándose, riendo y corriendo como animales salvajes.

Y luego estaba Lucas .

Lucas era uno de esos niños que se convertía en el blanco perfecto sin siquiera intentarlo. Era callado, un poco tímido. Naturalmente, eso lo convirtió en víctima de muchas bromas. Pero la que pasaría a la historia de la escuela fue la broma que le gastamos esa primera noche.

Había dejado su cambio de ropa en la cama y se había ido a la ducha. Fue entonces cuando se nos ocurrió la idea: simple, traviesa y perfecta. Agarramos su ropa y la tiramos directamente al ventilador industrial gigante que estaba en el techo de nuestra habitación. En el momento en que las aspas cobraron vida, su camisa salió volando como un fantasma. Sus calcetines se engancharon y ondearon como banderitas. ¿Su ropa interior? Bueno, digamos que despegó. Todos se partían de risa.

Cuando Lucas regresó, con la toalla alrededor de la cintura, buscando su ropa, fingimos no saber nada. Pero las sonrisas y las risas contenidas nos delataron. La expresión de su rostro al darse cuenta de lo que había sucedido —en parte furia, en parte incredulidad— no tuvo precio. Salió hecho una furia intentando recoger lo que pudiera encontrar, y aunque estaba furioso, incluso él esbozó una sonrisa más tarde esa noche.

Esa misma noche, ocurrió algo más inolvidable: mi primer beso.

Después de cenar, nuestros profesores nos dejaron ir al cine del hotel. A medida que las luces se atenuaban, todos empezaron a moverse, intentando sentarse más cerca de sus amores, fingiendo que era para ver mejor la pantalla.

Paola estaba sentada a mi lado. Era tranquila, amable y tenía los ojos más cautivadores que jamás había visto. Estuve enamorado de ella durante meses, pero nunca me atreví a decirle una palabra. De alguna manera, esa noche, con el bullicio del día aún en el aire y la libertad de estar lejos de casa, me encontré deslizándome hacia donde estaba sentada.

No hablamos mucho. Solo unas palabras tímidas, risas nerviosas, y luego, durante una parte lenta y emotiva de la película, me miró y sonrió. Sentí que mi corazón latía con fuerza. Y entonces, en silencio, como si hubiera salido de una película de transición a la adultez, se acercó. Yo también . Y allí estaba: mi primer beso. Dulce, inocente, torpe e inolvidable.

Cuando terminó la película, ambos fingimos que no había pasado nada. Pero no podía dejar de sonreír. Sentía que algo había cambiado. Ese día empezó con una broma y terminó con algo que parecía magia. En muchos sentidos, ese viaje marcó el inicio de mi madurez: de darme cuenta de lo compleja, divertida y conmovedora que podía ser la vida, todo en un solo día.

El Capitán Cavernícola estaba en racha.

Para cuando me gradué de la secundaria, estaba decidido a dejar atrás al Capitán Cavernícola. Esperaba la preparatoria como un nuevo comienzo, una oportunidad para que me vieran como yo, no como un chiste ambulante. Ese verano, antes de noveno grado, incluso les rogué a mis padres que me dejaran cambiar de preparatoria al de la mayoría de mis compañeros. Sin suerte. Los límites del distrito estaban definidos, y también mi destino: muchos de los mismos chicos se unirían a mí en noveno grado en septiembre.

El primer día de preparatoria, crucé las imponentes puertas del Colegio México con una mezcla de emoción y temor. Tenía una mochila nueva, tenis nuevos y una camisa recién planchada. Por fin me había cortado el pelo, un estilo muy deliberado y pulcro que esperaba que me alejara de cualquier comparación con un cavernícola. Por unos instantes, mientras me abría paso entre la multitud matutina, me sentí como cualquier otro estudiante de primer año nervioso. Nadie me señalaba ni se reía. Era solo yo, un chico anónimo de 14 años entre cientos de otros. Fue liberador.

Esa ilusión se hizo añicos a la hora del almuerzo. Estaba en la cola de la cafetería cuando oí: "¡Eh, Capitán Cavernícola! ¡Por aquí!". La voz resonó por encima del parloteo sordo de los estudiantes. Se me encogió el estómago. Me giré lentamente para ver quién era. En una mesa cerca de la ventana, Vladimir y un par de chicos de mi antigua escuela me hacían señas para que me acercara. Uno de ellos golpeaba un garrote invisible en la mano con una sonrisa boba. Algunos estudiantes desconocidos me miraron, curiosos por el apodo. Me puse rojo de la cara. Recuerdo haber cerrado los ojos por una fracción de segundo, como si pudiera hacerme invisible o retroceder el tiempo y responder al grito de Vladimir con una reacción diferente.

Tenía una opción: podía ignorarlos, fingir que no los oía, o podía acercarme y afrontarlo de frente. Algunos niños rieron disimuladamente, e incluso oí a alguien susurrar: "¿Ese es el cavernícola, en serio?". Resiliencia no era una palabra en mi vocabulario entonces, pero algo dentro de mí decidió no salir corriendo. Con una respiración profunda y una sonrisa forzada, agarré mi bandeja de almuerzo y me dirigí a la mesa de Vladimir. "¿Qué pasa, chicos?", murmuré, deslizándome en una silla. Intenté sonar casual, pero al principio no pude mirarlos a los ojos. Vladimir me dio una palmada en la espalda, ajeno a mi incomodidad. "Caver, estábamos hablando del nuevo profesor de historia. Pensó en ti cuando mencionó la Edad de Piedra", bromeó. Más risas. Empujé mi sándwich, conteniendo una risita.

Durante las siguientes semanas, el Capitán Cavernícola resurgió como si hubiera estado acechando a la vuelta de la esquina, esperando el momento adecuado para saltar. Algunos estudiantes mayores se enteraron y , para mi sorpresa, a un par de ellos les pareció entretenido de una manera amigable. Uno de los chicos mayores del equipo de fútbol escuchó que alguien me llamaba Cavernícola en el pasillo. En lugar de burlarse de mí, pareció impresionado. "¿Cavernícola? Eso es genial ", dijo, dándome un puñetazo. "¿Practicas algún deporte? Nos vendría bien un cavernícola en la línea defensiva". Me quedé desconcertado (nunca había jugado al fútbol ni al rugby, y era más de tipo estudioso), pero su reacción, extrañamente, me hizo sentir un poco orgulloso en lugar de avergonzado. Fue la primera vez que me di cuenta de que un apodo, incluso uno tonto, podía interpretarse de forma diferente según quién lo usara.

Aun así, hubo muchas veces al principio de la preparatoria en que el apodo me dolió. En segundo año, escuché a una chica que me gustaba preguntarle a su amiga: "¿Por qué lo llaman cavernícola? ¿Será porque tiene un aspecto un poco... rudo?". Me dieron ganas de tirarme al suelo. Ese comentario me carcomió la autoestima. Empecé a preocuparme más por mi apariencia. Mantuve mi cabello corto y actualicé mi vestuario con algo más moderno que los jeans anchos y las camisetas extragrandes que usaba en la secundaria. Pensé que si me parecía menos al estereotipo, el apodo podría desaparecer.

No se desvaneció. De hecho, evolucionó. Algunos amigos simplemente lo acortaron a "Caver". Para el penúltimo año, mucha gente creía que mi apellido era Caver; recuerdo que una compañera se quedó atónita al descubrir que no. "¡Espera, es solo un apodo! ¡Pensé que era tu nombre real o algo así!", exclamó. Ambas nos reímos. Para entonces, Capitán Cavernícola se había convertido en una parte tan arraigada de mi identidad en el instituto que incluso yo a veces negaba con la cabeza y sonreía ante lo absurdo del asunto.

Ir a la universidad fue otra oportunidad para reinventarme, y esta vez tenía una opción: podía enterrar al Capitán Cavernícola para siempre o llevarlo conmigo como una parte divertida de mi pasado. Cuando llegué a la UANE, nadie sabía de mi álter ego. En las primeras semanas del primer año, me presenté por mi nombre de pila, me uní a grupos de estudio, hice amigos en los salones y disfruté de la libertad de volver a ser un tipo normal. Me sentí liberado al saber que, por primera vez en años, no era "el cavernícola" para nadie.

Curiosamente, descubrí que echaba de menos partes. No las bromas ni la vergüenza, claro. Lo que echaba de menos era la facilidad para romper el hielo o la camaradería que a veces generaba. En el instituto, cualquiera podía bromear conmigo mencionando a Cavernícola, y se creaba un vínculo o una risa instantánea. Ahora, en la universidad, decidí compartir la historia detrás de mi apodo con mis nuevos amigos. Solía surgir en conversaciones nocturnas en el salón, de esas en las que todos intercambian anécdotas de guerra del instituto. "¿Crees que lo pasaste mal?", decía con una sonrisa, "intenta llevar seis años con 'Capitán Cavernícola' como apodo". Esto se recibía con risas incrédulas, e inevitablemente alguien empezaba a llamarme Cavernícola en broma. Pero aquí está la diferencia: ahora yo controlaba la narrativa. La compartía a mi manera, casi como una insignia de honor ridícula.

Sin embargo, la universidad no fue todo tonterías y fiestas. En los momentos más tranquilos, mientras estudiaba en la biblioteca o caminaba sola por el campus, reflexionaba sobre el camino que había recorrido desde aquel estudiante de séptimo grado cohibido hasta la persona que era ahora. Me di cuenta de que el apodo en sí no fue lo que me moldeó; fue cómo reaccioné a él, cómo dejé que me afectara y, finalmente, cómo elegí superarlo (e incluso aceptarlo). En la clase de psicología, aprendimos sobre el concepto de etiquetas e identidad propia. Escribí un trabajo final sobre cómo los apodos y las etiquetas en la adolescencia pueden influir en la autoestima y el comportamiento. Para mí, fue más que algo académico; fue profundamente personal. Argumenté que, si bien un apodo puede moldear inicialmente cómo te ves a ti mismo (ciertamente, tuve momentos en los que me pregunté si "cavernícola" sería todo lo que alguna vez me verían como), en última instancia , tenemos el poder de redefinir esas etiquetas, o despegarlas por completo y mostrar lo que hay debajo.

Mirando hacia atrás, veo al Capitán Cavernícola como un capítulo decisivo en mi vida por todas las razones correctas. Me enseñó quién era y quién me negaba a ser. En secundaria, dejé que una etiqueta me definiera; me encogí bajo su peso, permitiendo que socavara mi confianza. En el instituto, aprendí a aceptarla, a usarla con ligereza, como un disfraz que podía ponerme y quitarme. Y en la universidad, finalmente comprendí que nunca estuve obligado a usarlo; la elegía cuando me convenía, porque se había convertido en una parte peculiar y adorable de mi historia.

Ese viaje de apodos también me enseñó mucho sobre resiliencia . Los niños me lanzaron una etiqueta, y se pegó. Pero en lugar de dejar que me hiriera para siempre, gradualmente desarrollé una piel más gruesa y un sentido más fuerte de mí mismo. Tenía que hacerlo, si quería sobrevivir a la adolescencia con mi cordura intacta. Hay un dicho que flotaba en mi cabeza durante esos años (tal vez de un cartel en la oficina del consejero de la escuela, o algo que dijo mi madre): "Los palos y las piedras pueden romper mis huesos, pero las palabras nunca me harán daño". Recuerdo burlarme de esa línea cada vez que la escuchaba, porque la verdad es que las palabras pueden doler, especialmente cuando eres joven y tratas de descubrir tu identidad. Cada burla de "Hombre de las cavernas" en séptimo grado dolió, al menos un poco. Pero con el tiempo aprendí que si bien las palabras pueden doler, no tienen por qué definirte.

También aprendí sobre la bondad de los verdaderos amigos a través de esta experiencia. Vladimir, quien me puso el apodo al principio, resultó no ser un villano en mi vida, sino un amigo que simplemente no se dio cuenta del impacto de su broma. Cuando finalmente le dije, allá por décimo grado, que a veces odiaba que me llamaran Capitán Cavernícola, se sorprendió de verdad. "Siempre pensé que te parecía bien, ¿sabes? Siempre te reías", dijo, disculpándose. Eso dio inicio a una de las conversaciones más sinceras que hemos tenido. Incluso empezó a usar mi nombre real con más frecuencia después de eso, al menos cuando sentía que ya había tenido suficiente de Cavernícola por un día. No fue una solución perfecta, pero significó mucho. Me enseñó que a veces la gente no sabe el peso de las palabras que te lanza, y que un poco de comunicación puede aligerar la carga.

Al escribir este capítulo de mi vida, lo hago con una sonrisa. ¿Quién hubiera pensado que un cavernícola de dibujos animados tan tonto desempeñaría un papel tan crucial en mi viaje de autodescubrimiento? La vida tiene una forma curiosa de usar las cosas más inesperadas para enseñarnos resiliencia y confianza. En mi caso, usó un apodo, uno del que al principio quise escapar, pero con el que finalmente acepté. El Capitán Cavernícola siempre será parte de mi historia, pero no lo es todo.

Al final, comprendí la verdad del consejo de mi madre hace años. Tuve que madurar y ganar confianza en mí mismo para comprenderlo de verdad. Lo que realmente importa no es cómo te llamen, sino a qué respondes. Me llamaban Capitán Cavernícola, y respondí a ese nombre por un tiempo, incluso dejé que me definiera por un tiempo. Pero, en última instancia, respondí a una llamada superior: la llamada a definirme a mí mismo en mis propios términos. Esa es la identidad que adopto y llevo adelante. Y eso, más que cualquier apodo o eti-queta, es el reflejo más fiel de quién soy.

CAPÍTULO 5: PRIMER AMOR, OTRO LADRILLO EN COLMEX

Los años de preparatoria estuvieron llenos de nuevas experiencias y lecciones importantes que moldearían mi comprensión de las relaciones y las emociones. Fue durante esa época, en el Colegio México, una escuela católica, que me enamoré de verdad.

Su nombre ya no importa, pero lo recuerdo todo sobre ella. Era rubia, tenía ojos grandes y expresivos, y una sonrisa cálida que la hacía destacar, aunque, objetivamente, no era la chica más guapa de la escuela. Había algo en ella que me cautivó desde el momento en que entró a nuestro salón de clases. Era nueva en la escuela, recién llegada de Panamá. Su actitud tranquila y su radiante presencia la hicieron inolvidable.

No perdí el tiempo. Nunca fui tímido y no iba a empezar ahora. Me senté a su lado y comencé a conectar. Después de varios días hablando y compartiendo anécdotas, le pedí que fuera mi novia y, para mi gran sorpresa, aceptó. Ese momento se convirtió en la chispa de lo que entonces creí que era un amor que podría durar para siempre.

Éramos inseparables. Pasábamos incontables horas hablando por teléfono, saliendo a restaurantes con la ayuda de nuestros padres, que nos llevaban en coche, e intercambiando cartas y pequeños regalos. Estaba comprometido con ella con todo el corazón y la intensidad de un adolescente de dieciséis años. Nunca cruzamos la línea hacia la intimidad, pero emocionalmente estábamos profundamente involucrados. Compartíamos secretos, esperanzas y sueños. Se convirtió en una parte constante de mi mundo.

Sin embargo, yo era joven, inmaduro y posesivo. La quería toda para mí. Cuando empezó a hacer más amigos y a querer ampliar su círculo social, no lo acepte bien. Los celos se apoderaron de la razón. Me volví controlador sin darme cuenta de cuánto la estaba alejando. Al final, la presión fue demasiada para ella y terminó nuestra relación. Estaba devastado. Enfadado. Herido. Y lo peor de todo, sabía que la razón por la que terminó fue por mi culpa.

Lo que empeoró las cosas fue tener que verla todos los días en el colegio. La había presentado a mi círculo de amigos, y ahora me sentía traicionado al verla reír y hablar con ellos como si nada hubiera cambiado. En un momento de inmadurez, les pedí a mis amigos que eligieran entre ella y yo: un ultimátum injusto y egoísta. Se negaron a tomar partido, diciéndome que no estaba bien obligarlos a tomar una decisión así. No me lo tomé bien. En lugar de aceptar la situación, tomé la decisión por ellos y me distancié de todos.

Fue uno de los períodos más solitarios de mi vida. Perdí a una novia y a un grupo de amigos a la vez. Pero a través de ese dolor, aprendí algunas de las lecciones más importantes sobre las relaciones y sobre mí mismo.

Primero, aprendí que no somos dueños de nadie. El amor no puede ser posesivo. Las personas permanecen en nuestras vidas porque lo eligen, no porque lo exijamos. Las relaciones deben construirse sobre la confianza y el respeto, no sobre el control.

Segundo, aprendí que arrastrar a otros a conflictos personales solo extiende el daño. Pedir a la gente que elija un bando en batallas emocionales solo termina lastimando a más personas y, a menudo, te deja más aislado que antes.

Y finalmente, aprendí que, a veces, lo mejor que puedes hacer es simplemente alejarte. Intentar forzar algo que está roto solo profundiza las heridas.

Esa relación no duró, pero las lecciones que me dio han perdurado. Se convirtieron en parte de la base que usaría más tarde para construir relaciones más sanas y respetuosas. A veces, el desamor es una lección dolorosa, pero deja una sabiduría que vale la pena conservar para toda la vida.

Pero no sólo recuerdo el Colegio México por mi primer amor y desamor; oh no, hubo mucho más que eso.

Cuando entré por primera vez al Colegio México, era una mezcla de curiosidad y nervios, vestido con el uniforme clásico de pantalón azul marino, camisa blanca y una corbata que parecía más una soga que un orgullo escolar. El colegio era estricto, arraigado en la tradición católica, y dirigido por sacerdotes que exigían disciplina, reverencia y silencio. Podía con las dos primeras, ¿pero el silencio? Esa siempre fue mi perdición.

Desde pequeño, fui hablador; algunos dirían que demasiado hablador. Veía la conversación como un deporte, una forma de conectar, hacer reír a la gente y, a veces (para disgusto de mis profesores), una forma de matar el tiempo en las clases aburridas. Sin embargo, en el Colegio México, esta característica se detectó rápidamente como un problema. Los sacerdotes creían que el silencio era el camino a la virtud. Yo, en cambio, creía que la risa lo era.

Mis problemas comenzaron de forma bastante inocente: susurrándole a un amigo durante la misa, contando un chiste durante los anuncios matutinos, imitando la voz de un profesor en voz baja. Pero la situación empeoró. Pronto, me gané visitas regulares al párroco principal. No importaba que mis calificaciones fueran buenas o que nunca faltara a clase. Para ellos, yo era el payaso de la clase. Y por eso, tenía que pagar el precio.

La disciplina en el Colegio México se presentaba de muchas maneras. Estaba lo de siempre: quedarse después de clases para limpiar el aula, escribir frases ("No hablaré sin permiso" cien veces) o perder el recreo para pararse afuera de la sala de profesores con las manos a la espalda.

Los sacerdotes tenían sus propias maneras de tratar a los estudiantes como yo. Un castigo habitual era que me enviaran al patio a dar vueltas. Recuerdo muchas tardes corriendo en círculos bajo el sol abrasador, a veces incluso con una pila de libros en los brazos. Una vez particularmente memorable, me asignaron dar vueltas con Paola (sí, mi primer beso, después de esa noche, nos hicimos grandes amigos), un castigo que no lo parecía en absoluto. Terminamos charlando y riéndonos más que sudando, y aunque empezó como disciplina, terminó en uno de mis recuerdos más preciados.

A pesar de los problemas en los que me metí, el Colegio México me enseñó cosas importantes. Lecciones. Disciplina, por ejemplo. Aprendí que ser inteligente no bastaba; el tiempo importaba, al igual que el autocontrol. También aprendí a encontrar la manera de salir de problemas más graves con encanto. Me convertí en un maestro de las disculpas sinceras y las expresiones inocentes.

Hubo momentos en que los castigos me parecieron excesivos, pero incluso entonces, nunca me sentí desamparado. Los sacerdotes, a pesar de su rigor, nunca me abandonaron. Creían que dentro del payaso de la clase había un estudiante con potencial, un espíritu travieso que solo necesitaba dirección.

Mirando hacia atrás, atesoro esos días. El Colegio México me formó de maneras que no entendía en ese momento. Fue el lugar donde aprendí a cuestionar la autoridad (y a veces pagar por ello), donde aprendí el poder de las palabras: para provocar, para unir y para entretener. Fue donde me di cuenta de que incluso dentro de las reglas, hay espacio para la personalidad, para la risa y para la rebelión, siempre y cuando estés dispuesto a afrontar las consecuencias.

Y fue donde empecé a comprender algo más grande: que cada etiqueta tiene capas. No era solo el hablador, el alborotador ni el bromista. Era un joven en formación, aprendiendo quién era a través de los límites que traspasaba y las reglas que rompía.

En esa escuela sagrada, cubierta de tiza, rodeado de estatuas de santos y sacerdotes severos, encontré mi primer público real. Y aunque a menudo me presentaba ante ellos por las razones equivocadas, esos momentos me ayudaron a encontrar mi voz, una voz que luego usaría no para interrumpir, sino para liderar.

Era una tarde cálida en el Colegio México, y yo estaba sentado en uno de los viejos pupitres de madera de nuestra clase de psicología, impartida por un sacerdote cuyo nombre he olvidado hace mucho, pero cuya lección se quedó conmigo de por vida. Esta no era una conferencia de teología común, ni una memorización mecánica de virtudes o santos. Ese día en particular , el sacerdote entró en la sala empujando un carrito de televisión con un reproductor de VHS y unas cuantas bocinas polvorientas; una visión rara que solo significaba una cosa: íbamos a ver una película. ¿El título? The Wall de Pink Floyd.

Al principio, pensé que era algún tipo de error . ¿Por qué un sacerdote católico, en nuestra escuela conservadora, nos mostraría una película llena de angustia, simbolismo y rebelión? Pero nos aseguró: "Hoy vamos a emprender un viaje, no al mundo exterior, sino a nuestro interior".

Siempre me había gustado la música, pero The Wall no era solo música. Era una experiencia: abstracta, intensa, confusa, pero profundamente emotiva. Nos sentamos allí, observando las imágenes surrealistas: los martillos marchando, los alumnos sin rostro, las cabezas gritando, la sensación de aislamiento y los muros emocionales construidos ladrillo a ladrillo. Como adolescente que intentaba descifrar el mundo y mi lugar en él, me impactó de maneras que no entendí del todo en ese momento.

Cuando terminó la película, se hizo el silencio. El sacerdote apagó el televisor, miró a su alrededor y dijo algo que nunca olvidaré: «Cada uno de ustedes está construyendo un muro. Alrededor de sus miedos, sus traumas, sus decepciones. Algunos usan la ira, otros el sarcasmo o el silencio. Pero todos lo están haciendo».

Luego nos pidió que escribiéramos, no para él, sino para nosotros mismos, qué ladrillos estábamos apilando en nuestros propios muros. Era la primera vez que alguien me pedía una reflexión así, no como estudiante, sino como persona.

No recuerdo qué escribí, pero sí recuerdo cómo me sentí. Vulnerable. Visto. Confundido. Honesto.

Esa clase me enseñó algo más profundo que cualquier libro de texto. Me demostró que incluso las personas más duras a menudo cargan con heridas leves, y que la rebelión no siempre se trata de ruido; a veces es un grito silencioso de comprensión. En una escuela donde las reglas eran estrictas y se esperaba disciplina, ese sacerdote nos dio espacio para la introspección, y usó nada menos que la música rock para lograrlo.

Años después, cada vez que escucho Comfortably Numb o Another Brick in the Wall, me transporto de vuelta a esa aula. Todavía puedo oír los ecos de la voz del sacerdote, pidiéndonos que miremos dentro de nosotros mismos, no solo a las calificaciones de nuestros boletines.

De todas las lecciones que aprendí en el instituto, esa podría haber sido la más importante, y la que aún llevo conmigo.

CAPÍTULO 6: UN NUEVO CAMINO Y EL PODER DE LA PASIÓ

A medida que avanzaba la preparatoria, me encontré en una encrucijada donde tuve que decidir qué quería hacer con mi vida. Tenía una gran pasión por la música y soñaba con ser ingeniero de sonido: alguien que maneja la consola en conciertos o estudios, asegurándose de que cada sonido sea perfecto. La idea de crear experiencias sonoras para otros, estar tras bambalinas de la música que amaba, era emocionante.

Emocionado por la posibilidad, le comenté la idea a mi padre. Escuchó atentamente, como siempre, y luego respondió con su habitual sabiduría mesurada. "Si vivieras en Estados Unidos", dijo, "esa podría ser una buena carrera. Pero aquí en México, te costará encontrar trabajo en eso. Necesitas pensar en algo más práctico, algo que te dé estabilidad".

Decepcionado, pero comprendiendo su preocupación, comencé a pensar en otros caminos. Mi papá me sugirió que considerara la Ingeniería Industrial, un campo que él conocía por su propia carrera en General Motors. Dijo que era versátil y muy solicitado. La idea de mejorar sistemas, resolver problemas y trabajar con personas me intrigaba. Así que elegí Ingeniería Industrial. Mi sueño de dedicarme a la música no desapareció; simplemente se convirtió en algo que exploraría como afición. Tomé en serio su consejo y me concentré en construir un futuro más seguro.

Sin embargo, una parte de mí aún imaginaba estar en el escenario como Jim Morrison de The Doors o ser extravagante como Alice Cooper. Si hubiera tenido el talento musical de mi hermano Jorge, ¿quién sabe adónde me habría llevado ese camino? Pero ahora, la Ingenería Industrial era el plan. Era un camino de estructura y proceso, un contraste total con la belleza caótica del sonido. Lo vi como una forma de aplicar la creatividad de una forma diferente, basada en la lógica, la eficiencia y la mejora.

Para saciar mi ansia de protagonismo, me uní a la clase de teatro en la escuela. Interpretamos *Jose el Soñador*, y yo interpreté a uno de los hermanos de Jose. Aunque las canciones estaban pregrabadas y solo hacíamos mímica y baile, me encantaba estar en el escenario. El maquillaje, las luces, la energía de la actuación: me dieron la adrenalina que siempre había ansiado.

Una noche, después de un espectáculo, olvidé mi crema desmaquillante. Intenté limpiarme la cara con agua, pero solo corrí aún más el maquillaje. Sin otra opción, caminé por Saltillo con el maquillaje corrido en la cara. La gente me miraba. Algunos se reían. Pero no me importó. Había estado en el escenario, y el brillo de ese momento valió cada mirada incómoda.

Durante este período, también le pedí a mi padre que me enseñara a conducir. Teníamos un Volkswagen Caribe con transmisión manual, y fue un desafío dominarlo. Pero aprendí, y en el momento en que pude conducir por mi cuenta, sentí una oleada de independencia. Esa sensación de libertad, poder ir a cualquier parte, hacer lo que fuera, era embriagadora. Solo desearía haberla tenido antes, especialmente la tarde que caminé por la ciudad con ese maquillaje corrido del escenario.

Estas experiencias, tanto dentro como fuera del escenario, comenzaron a formarme. Me di cuenta de que la pasión podía manifestarse de muchas maneras, no solo a través de la música, sino también en la resolución de problemas, la narración y el crecimiento personal. Había empezado a definir lo que más tarde se convertiría en un motor de mi vida: encontrar el equilibrio entre la libertad creativa y la estabilidad práctica.

CAPÍTULO 7: TINTA E IDENTIDAD.

Se suponía que la universidad era un lugar para conferencias, libros de texto y exámenes. Para mí, también se convirtió en un espacio para la creatividad, la expresión y la inesperada emoción de la influencia. Empezó con un tablón de anuncios en un rincón tranquilo del campus y terminó dirigiendo la revista estudiantil más comentada de la universidad.

El boletín era básico: solo un lugar para publicar anuncios de clases, reuniones de clubes y algún que otro folleto sobre algún libro de texto perdido. Me di cuenta de que a menudo lo ignoraban y pensé: ¿Por qué no convertirlo en algo que la gente realmente quisiera leer? Siempre me había gustado contar historias, diseñar cosas y conectar con la gente, y ahora tenía un nuevo espacio de juego. Mi idea era simple: tomar las riendas del boletín, darle voz y llenarlo de contenido que mezclara la cultura popular con temas relevantes para los estudiantes.

Aprendí a usar software de edición en los ordenadores Macintosh del laboratorio del campus; PageMaker era la herramienta predilecta por aquel entonces. Me quedaba despierto hasta tarde, retocando maquetaciones, creando gráficos y editando artículos. Al principio, era solo yo, pero pronto se unieron algunos amigos. Empezamos a publicar artículos cortos, desde "Los 5 mejores trucos para estudiar" hasta entrevistas con profesores que tenían pasatiempos interesantes fuera de la docencia. Incluso incluimos cómics cortos, chistes y poemas enviados anónimamente.

Nuestro pequeño boletín se convirtió rápidamente en una mini revista . Los estudiantes comenzaron a esperar con ansias los nuevos números. Me convertí en el escritor, editor, promotor y distribuidor principal. Imprimía copias y las dejaba en áreas de mucho tráfico: mesas de cafetería, salas de estudiantes, incluso pegadas con cinta adhesiva dentro de los cubículos del baño. No me importaba dónde lo leyeran las personas, siempre que lo leyeran. Y lo hicieron.

Lo que lo hizo funcionar fue el equilibrio: ofrecíamos contenido que realmente les importaba a los estudiantes , pero lo envolvíamos en creatividad y humor. No era seco. Era humano. Y esa conexión, esa sensación de crear algo que resonara con la gente, me dio un gran sentido de propósito.

Desafortunadamente, como muchos proyectos apasionantes, dependía de la pasión de uno. Cuando me gradué, no había nadie con el mismo entusiasmo por mantenerla viva. La publicación desapareció poco después de que me fui. Pero su impacto en mí no. Me enseñó sobre iniciativa, marca, comunicación y, sobre todo, sobre influencia. Vi de primera mano cómo las ideas pueden propagarse, cómo algo pequeño puede convertirse en algo grande y cómo el mensaje adecuado, en el formato adecuado, puede moldear a toda una comunidad.

También me dio una idea de lo que haría más tarde en el mundo corporativo: crear comunicaciones que conectaran a las personas. La revista universitaria fue la chispa que encendió una pasión que llevaría conmigo a cada sala de juntas y planta de producción.

Más adelante, crearía dos revistas adicionales, esta vez dedicadas a promocionar los logros de la empresa. Siempre he creído en trabajar duro, pero contárselo al mundo. Algunas de mis publicaciones se enviaron a oficinas corporativas y a otras empresas hermanas en diferentes ubicaciones, desde Estados Unidos hasta Alemania, desde México hasta Brasil. Ahora es aún más fácil llegar a un público más amplio a través de las diferentes plataformas; antes, la impresión en papel era la única opción disponible.

CAPÍTULO 8: UNA APLICACIÓN OLVIDADA

Era una tarde cualquiera en Saltillo cuando sonó el teléfono y todo lo cambió.

Acababa de llegar de la escuela, todavía con el peso habitual de los libros y las preocupaciones de la adolescencia. Mi madre estaba en la cocina, preparando la cena, y el olor a tomates y cebollas cocerse en el sartén llenaba la casa de calidez. El teléfono permaneció quieto en su soporte, hasta que de repente sonó con una sacudida brusca que resonó por toda la casa.

Mi madre contestó. Oí que su voz cambiaba casi al instante: de informal a preocupada, y luego a algo que no pude identificar. Abrió los ojos de par en par mientras se acercaba el auricular al oído.

"¿De verdad? ¿Estás segura, mamá?"

Escuchó en silencio, asintiendo, y luego se llevó la mano al pecho. Al cabo de un momento, colgó y se volvió hacia mí con voz temblorosa: «Tu abuela acaba de recibir la carta».

Me quedé allí confundido por un segundo, tratando de procesar lo que quería decir. "¿Qué carta?"

Mi madre no habló por un momento. Luego simplemente dijo: «Inmigración. Después de diez años... nos toca». Necesito llamar a tu padre.

No recuerdo cuándo empezó el proceso, pero mi padre presentó la petición familiar en Piedras Negras cuando aún trabajaba en Wrangler. La mitad de nuestra familia vivía en México y la otra mitad en Estados Unidos. Yo era solo un niño en ese entonces. Habían pasado los años, y con ellos llegaron las dudas: tal vez se habían perdido, tal vez se habían olvidado de nosotros, tal vez nunca llegarían. Pero ahora, la espera había terminado.

Habíamos salido de Piedras Negras hacia Saltillo hacía años, buscando trabajo, estabilidad y un futuro. Pero mi abuela se quedó, conservando la casa, los documentos y los recuerdos intactos. Y ahora, en esa casa que una vez llamamos hogar, había llegado la carta. El sobre tenía nuestro apellido, escrito con letra formal, como una llamada del destino.

Mi madre se sentó frente a mí, con los ojos vidriosos. « Dijo que ella tampoco lo creía. Pensó que tal vez era un error. Pero es real. Nos han llamado. Tenemos que prepararnos».

El aire en la casa cambió. Esa carta fue un regalo y un desafío a la vez. Significaba que el sueño que habíamos acariciado durante tanto tiempo —mudarnos a Estados Unidos, empezar de nuevo— ahora estaba al alcance. Pero también significaba que todo cambiaría.

Pensé en mi abuela en Piedras Negras, probablemente sosteniendo la carta en sus manos callosas, leyendo cada línea lentamente. La imaginé sentada a la mesa de la cocina, la misma mesa donde solíamos comer pan dulce y tomar café con leche. Sabía que debía haber llorado, no solo de alegría, sino al recordar los años transcurridos sin una palabra. Ella había mantenido vivas nuestras esperanzas, incluso cuando dejamos de preguntar sobre el caso.

Al día siguiente, mis padres empezaron a reunir papeleo. Mi papá hizo una lista de verificación. Mi mamá llamó a familiares. Recuerdo que dijo: «Tu abuela ha guardado todos los documentos a la perfección. Solo tenemos que ir a buscarlos». Entonces lo comprendí: este viaje había comenzado hacía mucho tiempo, antes... Comprendí lo que significaba dejar un país y empezar de nuevo.

Ese fin de semana fuimos en coche a Piedras Negras. Los caminos polvorientos, las conocidas tiendas de barrio, la luz del sol sobre los árboles de nuestro antiguo barrio... todo volvió a inundarnos. Pero cuando llegamos a casa de mi abuela, todo se sintió diferente. Ella estaba de pie en el porche esperándonos, con la carta en la mano como si fuera de oro.

Nos abrazó a cada uno con fuerza, especialmente a mi madre. «Te dije que algún día llegaría», susurró.

Dentro, nos sentamos a la mesa de la cocina y ella puso la carta delante de nosotros. Leí las palabras con atención, el sello oficial, el lenguaje que apenas entendía, y aun así, de alguna manera, supe que era el momento. Este era nuestro puente hacia una nueva vida.

Para mi abuela, fue más que un simple papel. Fue su legado: la prueba de que su fe y perseverancia habían dado frutos. Para mis padres, fue la validación de los sacrificios que habían hecho. Para mí, fue un comienzo. Uno que llegaría con miedo, emoción y el dolor agridulce de dejar atrás todo lo que conocíamos.

Esa noche, mientras nos preparábamos para regresar a Saltillo, mi abuela me abrazó y me dijo: «Prométeme que nunca olvidarás de dónde vienes». Asentí con lágrimas en los ojos. «No lo haré».

La carta se quedó para procesarla, pero el sueño que contenía nos acompañó. A partir de ese momento, todo se aceleró: solicitudes, entrevistas, pasaportes y planificación. No sabíamos exactamente cuándo nos iríamos, pero sabíamos que lo haríamos.

Y ese conocimiento lo cambió todo.

Cuando regresamos a Saltillo, tuvimos una mesa redonda. Mi padre preguntó: "¿Queremos aprovechar esta oportunidad o seguir con nuestras vidas aquí en Saltillo?". Esta iba a ser una votación democrática. Mi madre quería escucharnos y luego tomaría su decisión.

Yo era el mayor y tengo más recuerdos de ir a Eagle Pass, visitar a mis primos en San Antonio, Texas, comer en McDonalds y tal vez la oportunidad de ir a ver a Kiss en concierto, eso sería genial.

Pero lo más importante, Estados Unidos era la tierra de las oportunidades, y si trabajábamos duro, podríamos tener un futuro mejor. Voté "sí, vámonos", mis hermanos menores también votaron "sí", y mi madre quería lo mejor para todos. Así que fue unánime que nos fuéramos a Estados Unidos de América. Tendríamos nuestra residencia, que tardó 10 años en llegar, pero la posibilidad era ahora.

Cuando por fin llegó la tan esperada carta de inmigración, trajo consigo una mezcla de emociones: alivio, ansiedad y anticipación. Tras casi una década de espera, habíamos llegado a la siguiente etapa del proceso. Nuestra familia —mis padres, mis hermanos menores y yo— fuimos juntos a la entrevista en Ciudad Juárez. Fue un momento que habíamos soñado durante años.

En ese entonces, tenía 19 años y me faltaba solo un semestre para graduarme de Ingeniería Industrial en Saltillo. Estaba emocionado, pero también nervioso. Sabía que esta entrevista podría cambiarlo todo para nosotros. Nos sentamos durante horas en la sala de espera, rodeados de otros que, como nosotros, llevaban sobre sus hombros el peso de los sueños y el sacrificio.

Cuando por fin nos tocó el turno, el oficial nos llamó uno por uno. Mis padres fueron los primeros. El oficial les preguntó sobre sus planes en Estados Unidos, a quién conocían y dónde vivirían. Mis hermanos eran más pequeños y su camino era sencillo. Entonces me tocó a mí.

El oficial revisó mi expediente, hojeando los documentos lentamente. Me miró por encima de sus gafas. "Tienes 19 años", dijo. "¿Piensas terminar la escuela en México o vas a depender del gobierno de aquí?"

Respondí rápidamente: "Estoy en mi último semestre de ingeniería en Saltillo. Planeo quedarme y terminar mi carrera. No pienso vivir del gobierno; si planeamos mudarnos a Estados Unidos es para contribuir a un mejor futuro para el país y para nosotros".

Él asintió pensativo. «Qué bien. Puedo concederte la visa para que puedas visitarnos, pero por ahora, te quedarás para terminar tus estudios. Tus padres y hermanos deberán mudarse a Estados Unidos inmediatamente para activar su residencia. Una vez que te gradúes, podrás reunirte con ellos permanentemente».

Fue un momento agridulce. Estaba feliz por mi familia, pero también me impactó la realidad de que me quedaría solo. No era común en México que los jóvenes vivieran solos. Sabía que este sería un capítulo decisivo en mi vida. Mi padre me miró con confianza y determinación. Me dijo: «Vas a quedarte en casa. Quédate con el auto para que puedas estudiar. No tengo dinero para darte. Vas a tener que buscar la manera de sobrevivir: vender cosas, buscar trabajo, hacer lo que sea necesario. Pero hagas lo que hagas, no dejes de estudiar. Obtén tu título».

Asentí. Ese era el plan. Les ayudé a empacar. Nos despedimos. Y así, sin más, se fueron. Me quedé en la puerta de casa, mientras el silencio me envolvía, y me pregunté: ¿Y ahora qué?

CAPÍTULO 9: NOCHES LOCAS

Después de la vida estructurada que conocí de pequeño, mudarme a Saltillo fue como entrar en un mundo nuevo, uno lleno de libertad, posibilidades y tentaciones. Por primera vez en mi vida, estaba lejos de mis padres y sus reglas. Tenía mi propia casa, mi propio coche, y las amplias calles de Saltillo me llamaban.

Cuando Raúl se mudó conmigo, todo cambió. Tenía coche propio, era guapo y tenía un encanto natural que lo hacía popular entre las chicas. Hicimos un trato desde el principio: si iba a traer chicas a la fiesta, tenía que invitar a alguien para mí también. Fue un acuerdo de apretón de manos que dio lugar a algunas de las noches más escandalosas de mi juventud.

Nuestra casa se convirtió rápidamente en *el* lugar de reuniones de fin de semana. Música rock a todo volumen —Mötley Crüe, Twisted Sister, Ratt, Bon Jovi— resonaba por los altavoces. No teníamos mucho, pero lo que nos faltaba en lujo lo compensábamos con actitud. Era como vivir en una de esas películas salvajes de los 80 —Porky's, A la velocidad de la vida—, solo que esto era real. No había padres, ni toques de queda, ni límites.

Solo tenía 19 años, y todo parecía posible. Hacíamos fiestas que duraban hasta el amanecer. La sala se convertía en una pista de baile, y más de una vez terminábamos desayunando con desconocidos que se habían quedado a dormir en el sofá. No bebía mucho —nunca me gustó la cerveza ni las drogas—, pero me embriagaba la emoción: la música, las luces, las risas y las mujeres.

Aun así, nunca perdí de vista mi objetivo: graduarme. Sabía que caminaba por la delgada línea entre la diversión y el fracaso. Era inteligente y captaba las cosas rápidamente, así que aunque me saltara una o dos clases, siempre me iba bien en los exámenes. Mis notas no eran las mejores, pero eran lo suficientemente buenas como para seguir adelante. La libertad era emocionante, pero también peligrosa. Veía a gente perderse en ella. No quería ser uno de ellos.

Raúl y yo nos convertimos en leyendas en nuestro pequeño círculo. Siempre había alguien que visitaba nuestra casa, siempre una nueva aventura esperándonos. Pero con toda esa emoción vinieron las consecuencias. Lastimé a personas que me importaban. Tomé decisiones de las que no me siento orgulloso. Y, sin embargo, no cambiaría esos recuerdos por nada. Fueron parte de mi viaje, parte de aprender quién era y quién quería ser.

Pensando en el pasado, ese tiempo en Saltillo fue a la vez un punto culminante y una historia con moraleja. Me enseñó la alegría de vivir el momento, pero también me recordó que la libertad sin propósito puede ser una trampa. Sobreviví ese capítulo con historias, lecciones y la sensatez justa para encontrar el camino de regreso al que siempre había querido caminar.

En una de esas noches locas, mientras conducía por la calle Victoria, el corazón social de Saltillo, donde los jóvenes iban y venían con la esperanza de conocer a alguien nuevo, una mujer en otro coche gritó: "¡Oye, olvidaste tu suéter!". Confundido, le pregunté qué suéter?. Se rió y admitió que creía que era otra persona. Se llamaba Sandra.

Era mayor, segura de sí misma y de una belleza impactante. Arquitecta con su propio negocio y una independencia que contrastaba con la de las chicas de mi edad. Yo tenía diecinueve años y no estaba seguro de qué me depararía el siguiente capítulo de mi vida, pero su presencia tenía algo magnético. Tenía su propia oficina, su propia vida, y me sentí atraído por ella. Empezamos a hablar y, poco después, nos involucramos sentimentalmente. En ese momento, no sabía que esta sería mi primera relación seria y que me marcaría para siempre.

Sandra era diez años mayor que yo, algo que al principio descarté, pensando que la madurez y la independencia eran atractivas. Pero con el tiempo, empecé a darme cuenta de que nuestras vidas no estaban en sintonía. Mientras ella buscaba estabilidad y planes a largo plazo, yo aún estaba descubriendo quién era y qué quería.

Vivía solo después de que mi familia se mudara a Estados Unidos, y sobrevivir solo no era fácil. Vendía muebles para comer, ir de fiesta y pagar la gasolina, a veces cocinando hot dogs para la cena.

Sandra, en muchos sentidos, era parte de la estabilidad que me faltaba: a menudo me alimentaba y me daba un lugar donde sentirme en casa. Pero con el tiempo, la relación empezó a cambiar. Lo que antes me parecía cariñoso empezó a resultar sofocante. Su deseo de algo más formal chocaba con mi creciente deseo de libertad.

Al mismo tiempo, conocí a alguien nuevo: Patty. Guapa, amable e inteligente. En el momento en que la conocí, algo en lo más profundo de mí me decía que ella era la indicada. Recuerdo haberle dicho a mi amigo Raúl esa noche: «Será mi esposa». Él se rió, pero yo lo sabía. ¿El único problema? Seguía con Sandra.

Intenté varias veces terminar con Sandra, pero cada vez que lo hacía, lloraba, suplicaba y me recordaba todo lo que habíamos pasado. Y me quedé. No quería hacerle daño y no sabía cómo despedirme.

El punto de quiebre llegó el día que descubrió la carta que Patty me había escrito. Estaba en mi guantera, y cuando cayó revoloteando en sus manos, vi la tormenta en su rostro. Lo leyó, lo rompió en pedazos y me lo tiró mientras conducía. "¿Me estás engañando?", gritó. No dije nada. No podía discutir. Simplemente la llevé a casa en silencio. Fue la última vez que hablamos de verdad.

Finalmente, mi familia regresó de Estados Unidos para ayudar a cerrar la venta de nuestra casa. Sandra, como arquitecta, había promocionado la casa y encontrado un comprador. Ayudó a cerrar el trato y mis padres le dieron una comisión. Les preguntó por qué no había ido a despedirme. Dijeron que estaba empacando. Pero la verdad era que no podía volver a verla, no después de todo.

Dejar Saltillo fue una de las decisiones más difíciles y necesarias que tomé. No solo dejé una ciudad; dejé una vida, un capítulo y la persona que pensé que sería.

Pensando en el pasado, veo a Sandra no como un error, sino como una parte profundamente formativa de mi historia. Era una mujer fuerte, independiente y bondadosa. Pero a veces el amor no es suficiente cuando el momento no es el adecuado y se recorren caminos diferentes. Mi relación con ella me enseñó sobre la responsabilidad emocional, las consecuencias de la indecisión y la valentía necesaria para seguir adelante incluso cuando duele.

Ella quería un para siempre, y yo no estaba listo. Pero guardo su recuerdo con respeto y la tranquila certeza de que contribuyó a moldear al hombre en el que me convertí.

CAPÍTULO 10: PATTY – EL CORAZÓN DE MI VIAJE

Algunas personas llegan a tu vida silenciosamente, como un susurro en una habitación llena. Otras irrumpen como fuegos artificiales. Patty estaba en un punto intermedio. En el momento en que la conocí, no hubo truenos ni relámpagos; solo una corazonada, una profunda certeza que nunca antes había experimentado. Y recuerdo haber pensado: «Va a ser mi esposa».

Puede que a quienes me rodeaban les pareciera una broma, sobre todo a Raúl, quien se lo tomó a broma esa noche, pero para mí era una verdad silenciosa que no podía quitarme de la cabeza. Patty tenía dulzura en su sonrisa y bondad en su mirada. No necesitaba ser ruidosa para llamar la atención; se comportaba con una fuerza serena y una dignidad que te hacía querer acercarte y aprender más. Yo tenía 19 años, era salvaje, descontrolado, vivía solo, hacía fiestas con Raúl e intentaba descubrir cuál sería el siguiente capítulo de mi vida. Tenía libertad, caos y tentación, pero no un ancla. Patty se convirtió en ese ancla.

Ella era mayor que yo, profesora, responsable, independiente, con los pies en la tierra, y todo lo que yo no era en aquel entonces. Pero nunca me juzgó. Veía a través del ruido y las distracciones y decidió conocerme por quien realmente era, no por quien fingía ser en ese momento . Nuestros primeros meses juntos estuvieron llenos de largas conversaciones, comidas sencillas, risas y una creciente sensación de algo real. Nunca había conocido a alguien que me hiciera querer ser una mejor versión de mí mismo como ella.

Dejar Saltillo fue una de las cosas más difíciles que he hecho, no por miedo a lo desconocido, sino por miedo a dejar a Patty atrás. Ese día que me fui, ella lloró. No creía que regresaría por ella. Pero le hice una promesa: volvería.

Nos escribíamos cartas. La llamába cuando podía. El tiempo pasaba despacio. Pero aguantamos. Trabajé en lo que pude. Volví a la escuela. Volví a Saltillo para verla tan a menudo como podía, a veces juntando mis últimos ahorros solo para pasar unos días a su lado.

Siempre había creído en las corazonadas, esas que te golpean el pecho y no te sueltan. Eso era exactamente lo que sentía con Patty. Desde el momento en que nos conocimos, tuve la fuerte intuición de que algún día sería mi esposa. No sabía cómo ni cuándo, pero la certeza estaba ahí: tranquila, firme e inquebrantable.

En ese momento, nuestra relación era aún nueva. La vida era compleja, llena del caos de terminar mi carrera y de averiguar qué vendría después. Pero mi corazón estaba tranquilo. Un día, me senté con Patty, la miré a los ojos y le hice una promesa: «No sé qué me depara el futuro, pero sé esto: serás mi esposa». Sonrió, pero no dijo mucho. Creo que quería creerlo, pero tenía sus dudas. Aun así, lo decía en serio.

Poco después, tomamos la audaz decisión de casarnos en secreto. No fue el tipo de boda que se ve en las películas —sin gran ceremonia, sin recepción—, pero estaba llena de significado. Mi hermano Alex me apoyó como testigo, y tomé la mano de Patty con plena convicción. Éramos jóvenes, aún estábamos aprendiendo, pero sabíamos lo que nos queríamos: el uno al otro.

Yo estaba terminando mi carrera de Ingeniería Industrial en Nuevo México, y la decisión de casarnos sin contárselo a nuestras familias no fue tomada a la ligera. Estábamos yendo a contracorriente, rompiendo las reglas tácitas de una cultura que valoraba la tradición y la participación familiar. Pero nos pareció correcto, para nosotros.

Entonces todo cambió. Sandra, que aún rondaba mi vida, se enteró de nuestro matrimonio secreto. Ya fuera por celos, rencor o un sentimiento de traición, fue directamente a mis padres y les contó todo. La noticia cayó como un rayo. Mis padres se quedaron impactados, decepcionados, no porque no quisieran a Patty, sino porque se sintieron excluidos de una de las decisiones más importantes de mi vida.

La confrontación fue difícil. Siempre había intentado estar a la altura de sus expectativas, honrar los valores que me inculcaron. Pero en ese momento, tuve que mantenerme firme en mi decisión. Intenté explicarle que no era un acto de rebeldía, sino un acto de amor y certeza. Amaba a Patty. Creía en nuestro futuro.

Con el tiempo, la tensión se disipó y mis padres aceptaron el camino que había elegido. Pero ese período me marcó profundamente. Fue un momento de reflexión: entre tradición y convicción, familia e independencia. Y me recordó que, a veces, seguir el corazón significa afrontar las consecuencias, mantenerse firme y confiar en que el amor te sacará adelante.

Pensando en el pasado, todavía sonrío al recordar esa promesa. Porque la cumplí. Patty se convirtió en mi esposa, no solo en secreto, sino en todos los sentidos. Y esa promesa, hecha con el corazón, fue el principio de todo.

Al principio nos casamos discretamente, solo por el registro civil. Más tarde, nos volvimos a casar por la Iglesia, en nuestros propios términos, con nuestro propio calendario. Patty planeó cada detalle desde Saltillo mientras yo estudiaba y trabajaba en Nuevo México. Nunca se quejó. Nunca pidió más de lo que teníamos. Y nunca dejó de creer que estábamos construyendo algo juntos, incluso cuando era difícil.

Patty se mudó conmigo a Estados Unidos. No teníamos mucho, pero nos teníamos el uno al otro. Comíamos juntos, pagábamos facturas y resolvíamos las cosas día a día. Ella me enseñó cómo bajar el ritmo y apreciar la belleza de los momentos de tranquilidad. Le enseñé a reír en medio del caos. Juntos, creamos equilibrio.

A través de todas las mudanzas, cambios de trabajo, sacrificios e incógnitas, Patty ha estado ahí. Me acompañó a través de las fronteras, me apoyó durante los cambios de carrera, me apoyó cuando dudé de mí mismo y mantuvo unida a nuestra familia en cada tormenta.

Ella no es solo mi esposa. Es mi pilar. Mi recordatorio de que el amor no se trata de grandes gestos ni de encontrar el momento perfecto; se trata de elegirnos el uno al otro, cada día, incluso cuando el camino es difícil.

Si este libro es el camino de un soñador, Patty es la mano firme e inquebrantable que lo mantuvo con los pies en la tierra. Y por eso, le estoy eternamente agradecido.

Cuando Patty y yo decidimos celebrar una boda católica en Saltillo, una que honrara la tradición, la familia y la fe, sentimos que fue un momento de convergencia. Ya no éramos la joven pareja que se había casado en secreto. Ahora estábamos listos para celebrar nuestro amor delante de todos los que nos importaban. Y cuando llegó el momento de emprender el viaje, no viajaba solo; traía a alguien inesperado: mi amiga sueca Anna Lena.

Anna Lena y yo nos conocimos en la Universidad Estatal de Nuevo México. Fue una de mis nuevas amigas en una época de nuevos comienzos, y rápidamente conectamos gracias a nuestras diferentes perspectivas y a nuestra curiosidad compartida por el mundo. Era atenta, curiosa y se comportaba con una seguridad serena que hacía fácil hablar con ella.

Cuando le comenté que regresaba a Saltillo para mi boda, se iluminó de interés. "Nunca he estado en una boda católica mexicana", dijo con genuina emoción. "Eso suena increíble". Al principio no había planeado invitarla; me parecía demasiado lejos, demasiado desconocido, pero la idea le entusiasmó y estaba deseando experimentar algo completamente nuevo. Así que le dije: «Ven conmigo».

Subimos juntas a un autobús de larga distancia de Nuevo México a Saltillo. Fue un viaje lleno de historias, risas y mucha ilusión. Tenía preguntas sobre qué esperar, y traté de prepararla para la mezcla de tradición, ritual y calidez familiar que nos recibiría.

Cuando llegamos, Patty ya estaba esperando. En cuanto vio a Anna Lena bajar del autobús conmigo, su rostro se congeló de sorpresa. Pude leer la pregunta en sus ojos antes de que hablara. «¿Quién es ella?», preguntó con un tono cauteloso pero curioso.

Sonreí y le expliqué con cariño: «Es una de mis nuevas amigas de la escuela. Tenía muchas ganas de ver una boda católica mexicana, y pensé: ¿por qué no compartir esta experiencia con ella?».

Patty lo asimiló, sin saber muy bien qué pensar. Pero confió en mí. Y pronto, la gracia y la generosidad de Anna Lena conquistaron a todos.

Se integró a la celebración con facilidad, absorbiendo cada detalle con admiración, desde los elaborados rituales religiosos hasta la música, la comida y la alegría que latía en cada momento. Mi familia la recibió con curiosidad, y ella la correspondió con humildad y agradecimiento.

Mirando hacia atrás, traer a Anna Lena a Saltillo fue una decisión inusual, pero fue la correcta. Su presencia hizo el día aún más memorable. Fue un recordatorio de que el amor, como la amistad, no tiene por qué seguir un guion. A veces nos sorprende, cruza fronteras y deja una huella imborrable.

En medio de esa ceremonia tradicional, rodeado de familia y fe, se encontraba un invitado de otro mundo, honrando nuestra cultura, celebrando nuestro amor y haciendo historia silenciosamente en nuestra historia.

CAPÍTULO 11: UN NUEVO COMIENZO EN MESILLA, NM

La transición a la vida profesional en Estados Unidos implicó más que un simple cambio geográfico: fue un cambio total en la cultura, la comunicación y las oportunidades. Mi primer trabajo en Estados Unidos fue en una empresa de plomería, muy distinto a la carrera de ingeniería industrial que había estudiado en México. Pero era trabajo, y me enorgullecía hacerlo bien. No importaba conducir un camión grande o realizar las tareas pesadas y sucias que la mayoría de la gente evitaba: estaba aprendiendo, adaptándome y echando raíces poco a poco.

A partir de ahí, acepté trabajos adicionales, incluso trabajé en McDonald's para ahorrar dinero. Mi objetivo era claro: regresar a Saltillo y ver a Patty. La distancia había sido difícil, y nuestra relación se basaba en cartas y llamadas telefónicas ocasionales.

De vuelta en Mesilla, vivía de nuevo con mis padres, algo que puso a prueba mi independencia después de meses solo. Nuestra dinámica había cambiado. Había madurado, y ellos estaban aprendiendo a verme no solo como un hijo, sino como un adulto. A pesar de nuestras diferencias y tensiones ocasionales, su apoyo nunca flaqueó.

Regresé a la escuela con un propósito renovado. Las clases eran difíciles, sobre todo por la barrera del idioma. Traducía mis libros de texto palabra por palabra con un diccionario; nada de Google Translate ni atajos digitales. Tomé clases que se basaban mucho en los números (matemáticas, física, química) porque eran más fáciles de seguir y me daban tiempo para mejorar mi inglés.

A lo largo de todo esto, hice nuevos amigos de todo el mundo (España,

Suecia, Sudáfrica) y me ayudaron a ampliar mi visión del mundo. Estas amistades, forjadas durante sesiones de estudio nocturnas y frustraciones compartidas, fueron una lección en sí mismas.

Una de las relaciones más impactantes que tuve durante esta época fue con una joven que había sufrido mucho en su vida. Era frágil y buscaba conectar, pero también inteligente y amable. La ayudé y ella me ayudó a mí, sobre todo con mi escritura. Me enseñó a perfeccionar mi inglés y a expresarme con más claridad. Más tarde, escribiría un libro y se construiría una vida en Alemania.

Mientras compaginaba trabajo, estudios y matrimonio, aprendí que el éxito no siempre sigue un camino recto. A veces, se parece a una llave inglesa, una espátula para hamburguesas, una carta de un ser querido o una excelente calificación en un examen de física.

Estaba construyendo algo: no solo una carrera, sino un futuro. Y con cada desafío, me sentía un poco más cerca de convertirme en el hombre que quería ser.

Entré a la oficina de admisiones con una mezcla de esperanza y vulnerabilidad. Revisaron mis transcripciones y me dijeron que necesitaría completar al menos 30 créditos para calificar para la graduación de su programa de ingeniería. Cada clase contaba por unos 3 o 4 créditos, así que necesitaba tomar alrededor de 10 clases, además de cualquier requisito adicional que consideraran necesario. Era un largo camino por delante, pero estaba decidido.

La asesora me preguntó si me sentía cómodo tomando clases en inglés o si prefería primero los cursos de ESL. Siempre confiado en mis habilidades, le dije que iría directamente al currículo de habla inglesa. Al principio seleccioné materias con mucho énfasis en matemáticas (física, química y cálculo) porque los números, a diferencia del lenguaje, son universales. Pero incluso entonces, no fue fácil. Asistí a clases, tomé apuntes que apenas entendía y pasé horas traduciendo libros de texto palabra por palabra con un diccionario español-inglés.

Durante el día, trabajaba como ayudante de fontanero. Por la noche, volteaba hamburguesas en McDonald's. Y entretanto, trabajé como asistente en el laboratorio de informática de la universidad, ayudando a otros estudiantes con sus proyectos. Cada centavo que ganaba se destinaba a la matrícula, los libros y alguna que otra llamada de larga distancia a Patty, que seguía en Saltillo. La extrañaba, pero nuestro vínculo era fuerte y nos mantuvimos en contacto por cartas y la promesa de un futuro juntos.

La experiencia universitaria fue diferente a todo lo que había conocido. Mis compañeros venían de todas partes del mundo: Suecia, España, Panamá y Sudáfrica. Aprendí sobre sus culturas, su gastronomía, sus perspectivas, y esto amplió mi visión del mundo. Ya no era solo un estudiante mexicano cursando una ingeniería; formaba parte de un entramado global, encontrando mi voz en un nuevo idioma, un nuevo país y un nuevo futuro.

Poco a poco, mi inglés mejoró. Empecé a participar más en clase, a hacer amigos y a ganar confianza. Lo que antes parecía un reto insuperable ahora era un viaje emocionante. Cada noche de estudio, cada hora traduciendo clases, cada pequeña victoria me acercaba más a mi sueño.

Finalmente, completé los créditos requeridos y obtuve mi título estadounidense en Ingeniería Industrial. Tener ese diploma en mis manos fue más que un logro personal: fue un símbolo de perseverancia, sacrificio y la convicción de que, con suficiente determinación, se puede superar cualquier obstáculo, cualquier barrera lingüística y hacer realidad cualquier sueño.

La Universidad Estatal de Nuevo México no fue solo donde obtuve otro título, sino donde aprendí a sobrevivir y prosperar en un mundo nuevo. Fue un lugar que me puso a prueba, me desafió y, en última instancia, me ayudó a convertirme en el hombre que estaba destinado a ser.

CAPÍTULO 12: LA LECCIÓN DE LOS 1.5 MILLONES.

Recién egresado de la universidad, con mi recién titulo en Ingeniería Industrial por la Universidad Estatal de Nuevo México, estaba ansioso por comenzar mi trayectoria profesional. Me contrataron como ingeniero de costos en Lear Corporation, un importante proveedor automotriz. El puesto estaba en El Paso, Texas, pero las instalaciones donde trabajaría estaban al otro lado de la frontera, en Ciudad Juárez, México. Tenía mucha ambición y estaba listo para demostrar mi valía.

El puesto implicaba estimar el costo de materiales, mano de obra y gastos generales de los componentes de las molduras de automóviles: básicamente, todas las fundas y cojines de los asientos. Uno de los primeros proyectos importantes que me asignaron fue un paquete completo de molduras para una SUV de tres filas para Chrysler. Incluía variantes de cuero, tela y vinilo, y el presupuesto que debía elaborar determinaría si ganábamos el contrato.

Decidido a impresionar, me sumergí en la lista de materiales, organicé cada pieza en secciones y revisé cuidadosamente cada partida. Usé una hoja de papel para revisar fila por fila, marcando metódicamente los elementos para asegurarme de que no se me escapara nada. Era un trabajo tedioso, pero estaba comprometido a hacerlo bien.

Envié la cotización y mi supervisor y el gerente de ingeniería la revisaron. Todo parecía correcto y la oferta se envió a Chrysler. Fue una victoria.

Unas semanas después, Chrysler presentó cambios para reducir el costo. Era hora de volver a cotizar. Seguí el mismo proceso que antes y esta vez noté algo extraño: la versión de cuero era más cara que la original, a pesar del supuesto ahorro . Comparé las versiones anterior y nueva y encontré el problema: en mi primera cotización, había pasado por alto un pequeño pero costoso componente de cuero. Se había clasificado incorrectamente como retenedores en lugar de cuero, y mi método de usar un papel para revisar cada sección me hizo omitirlo por completo.

Ese pequeño error (solo $3 por unidad) se multiplicó por 500,000 unidades. El error representó un déficit de $1.5 millones en nuestras ganancias proyectadas.

Me entró el pánico. Sabía que tenía que asumir la responsabilidad. Redacté una carta de renuncia y se la llevé, junto con los documentos corregidos, a mi supervisor. Estaba tan asustado como yo. "Me van a despedir", dijo, mirando los documentos.

"No", respondí. "Es mi error. Asumo la culpa".

Pidió tiempo para pensar antes de que se lo lleváramos a nuestro gerente. Al día siguiente, me reuní con el gerente de ingeniería y le expliqué todo. Le expliqué cómo se produjo el error y le entregué mi carta de renuncia.

Para mi sorpresa, la apartó. "No te vas a librar tan fácilmente", dijo. "Cometiste un error, ahora lo vas a arreglar. Vuelas a Detroit para explicarle a Chrysler lo que pasó y volver con una solución".

Esa noche, reservé mi primer viaje de negocios en solitario. Sin GPS, sin teléfono inteligente; solo un mapa de papel, una muestra de la pieza de acabado y la determinación de arreglar lo que había roto. Al día siguiente, fui a la sede de Chrysler y presenté mi caso.

Entendieron el error, pero no nos dejaron ajustar el presupuesto original. Tuvimos que vivir con ello. Esa noche, en el vuelo de regreso, me hice una promesa: encontraría la manera de recuperar esos 1.5 millones de dólares. Y lo hice. Con los años, y tras varias recotizaciones y ajustes, fui recuperando el dinero para la empresa.

La experiencia me cambió. Me enseñó humildad, responsabilidad y el verdadero peso de la responsabilidad. Ese error —mi lección de 1.5 millones de dólares— fue el punto de inflexión en mi carrera. No puso fin a mi trayectoria. La inició.

Tras el incidente que casi le cuesta a la empresa 1.5 millones de dólares, ocurrió algo inesperado: en lugar de despedirme, me dieron más responsabilidad. El equipo directivo vio mi integridad, responsabilidad y la determinación de reconocer mis errores y corregirlos. Eso me valió su confianza. En menos de un año, me ascendieron a jefe del departamento de costos. Al año siguiente, me convertí en supervisor de los departamentos de costos e ingeniería industrial, y poco después, volví a ascender, esta vez a gerente de ingeniería.

Había ascendido rápidamente y, aunque estaba agradecido, empecé a notar algo que no me cuadraba. Mi salario no se ajustaba al aumento de mis responsabilidades. A pesar de gestionar más personal, presupuestos más amplios y una influencia significativa en la rentabilidad de la empresa, no me pagaban al mismo nivel que a los demás gerentes.

Decidí que era hora de defender mis derechos.

Programé una reunión con el director y acudí preparado. Le agradecí las oportunidades y el crecimiento, y luego le expliqué mi preocupación. "He analizado los salarios de los gerentes de ingeniería en general", dije. "El punto de entrada es de unos $50,000 dólares. Estoy muy por debajo de eso, a pesar de haber trabajado a ese nivel durante bastante tiempo".

Asintió, reconociendo mi punto. "Sin duda has tenido un rápido crecimiento aquí", dijo. "Y te hemos dado buenos aumentos a lo largo del camino".

Respondí: "Agradezco esos aumentos. Pero cuando das el 10% de una cifra baja, sigue siendo una cifra baja. No cubre la diferencia".

Hizo una pausa. "Eso es más de un 25% de aumento. Va a ser difícil de justificar".

Le pregunté: "Si me fuera mañana y contrataras a alguien nuevo para mi puesto, ¿qué le ofrecerías?".

No tenía una respuesta, pero ambos sabíamos la verdad. Tendrían que pagar al menos $50,000 dólares, probablemente más, para traer a alguien de fuera.

Aun así, no se ofreció a ajustarme el sueldo. Salí de la reunión decepcionado pero decidido.

Actualicé mi currículum y empecé a buscar en silencio. No estaba enfadado, solo era realista. Quería crecer y que me pagaran de forma justa por el trabajo que hacía.

Pronto conseguí una entrevista en otra empresa: una fundición de Wichita, Kansas. Me ofrecieron el puesto de gerente de ingeniería industrial y, sin dudarlo, 50,000 dólares al año. Era exactamente la cantidad que había pedido.

Con la oferta en la mano, volví con el director. «Vengo a dar mis dos semanas de aviso que me retiro de la empresa», le dije.

Se sorprendió. «¿Por qué?».

«Recuerdas nuestra última conversación», le dije. «Te di la primera oportunidad para arreglar esto. Esta otra empresa no me conoce, pero está dispuesta a pagarme de forma justa. Les di mi palabra».

Revisó la carta de oferta. «La igualaré, incluso la superaré», dijo. «55,000 dólares si te quedas».

Pero negué con la cabeza. «Te lo agradezco. Pero ya les di mi palabra. Ya no me voy por el dinero; me voy porque solo viste mi valor cuando alguien más lo vio primero».

Esa fue una de las decisiones más difíciles que tomé, pero me enseñó una lección poderosa. Lección: A veces hay que apostar por uno mismo, incluso cuando otros no lo hacen. Y cuando lo haces, no solo obtienes el salario, sino también tu dignidad.

Me mudé a Wichita, y esa decisión marcaría el siguiente capítulo de mi vida.

CAPÍTULO 13: UN MILAGRO EN WICHITA

Cuando surgió la oportunidad de trabajar en Wichita, Kansas, la vi como un gran paso adelante en mi carrera. Asumía un nuevo y desafiante puesto, dejando atrás lo familiar a cambio de crecer. Lo que no sabía en ese momento era que Wichita no solo transformaría mi vida profesional, sino que también marcaría el comienzo de uno de los capítulos más preciados de mi trayectoria personal.

Patty y yo anhelábamos tener un hijo. Cuando nos casamos, los médicos nos dijeron que tener hijos podría no ser posible. Patty sufrió un grave accidente de pequeña —la atropelló un autobús en Saltillo— y ese trauma alteró sus órganos internos de tal manera que hizo improbable el embarazo. Cargamos con este conocimiento como una sombra, amándonos plenamente, pero aceptando en silencio que la paternidad podría no ser parte de nuestro camino.

En Wichita, nos adaptamos a un ritmo tranquilo. Patty aceptó un trabajo como asistente de profesora mientras yo me sumergía en las exigencias de dirigir un Departamento de Ingeniería Industrial. La vida era tranquila. Entonces, un día, Patty empezó a sentirse inusualmente cansada y empezó a subir un poco de peso. Le pregunté si creía que podría estar embarazada, pero descartó la idea. "Sabes que eso no es posible", me recordó con suavidad.

Aun así, sugerí que nos hiciéramos una prueba. El resultado fue negativo. Seguimos adelante, pero sus síntomas continuaron. Otra prueba. Otro negativo. Finalmente, insistí en que fuéramos al médico. Le hicieron un análisis de sangre y, para nuestra incredulidad, los resultados fueron positivos: Patty estaba embarazada.

Estábamos atónitos. Eufóricos. Incrédulos. Parecía un milagro que no nos habíamos atrevido a esperar. Estudios posteriores confirmaron lo que nunca pensamos que escucharíamos: Patty estaba de cuatro meses.

La noticia se difundió rápidamente en el trabajo y mis compañeros estaban igual de emocionados. El equipo incluso nos organizó un baby shower. Estábamos abrumados de gratitud.

Cuando nació nuestra hija, la sostuve en mis brazos y sentí una oleada de emociones invadirme: alivio, alegría, miedo, orgullo. Era perfecta. La llamamos Anna Patricia. Anna en honor a mi abuela, que falleció poco después de asistir a nuestra boda por la iglesia en Saltillo. Su fuerza y fe me habían moldeado, y quería que mi hija continuara con ese legado. Patricia, por supuesto, después de su madre.

El nacimiento de Anna marcó un antes y un después en nuestras vidas. Cada noche de insomnio, cada cambio de pañal, cada primera sonrisa y palabra me recordaban lo lejos que habíamos llegado: de los sueños y sacrificios en México a una nueva vida en Estados Unidos. Wichita quedaría grabada para siempre en nuestros corazones, no solo como un lugar de nuevos comienzos, sino como la ciudad donde nació nuestro milagro.

CAPÍTULO 14: FLUJO DE FORJA.

Mi primer reto en Wichita fue mejorar el departamento de acabado. Las piezas fundidas venían de la línea de moldes y se trasladaban al acabado, donde los operadores tenían que eliminar las rebabas, alisar las superficies e inspeccionar los defectos. El problema era que el proceso estaba dividido en silos. Los rectificadores de desbaste culpaban a los rectificadores de banda, quienes culpaban a la inspección. Nadie era dueño de la pieza completa. El inventario se acumulaba entre etapas. Los problemas de calidad se multiplicaban. Todos los días, me encontraba en un juego de señalar con el dedo entre las diferentes operaciones.

Propuse algo diferente: creamos una célula donde un solo operador, o un equipo pequeño, sería responsable de todos los pasos del acabado de una pieza. De principio a fin. Un flujo continuo. Sin acumulación de inventario. Sin excusas.

Por supuesto, había resistencia. Los operadores más antiguos no querían cambiar. Estaban acostumbrados a hacer la misma tarea una y otra vez . ¿Aprender a usar la rectificadora de banda? "Ese no es mi trabajo". ¿Trabajar en una estación diferente? "He hecho esto durante 20 años, no necesito aprender nada nuevo". Pero los chicos más jóvenes del tercer turno, eran diferentes. Tenían hambre. Algunos participaban en programas de liberación laboral, cumplían la última de sus condenas e intentaban empezar de cero. Querían la oportunidad de aprender, de demostrar su valía. Así que empecé con ellos.

Los capacité yo mismo. Me quedaba hasta tarde después de los turnos, ejecutando las piezas durante todo el proceso. Les mostré los resultados: cómo mejoraba la calidad, cómo se reducía el plazo de entrega, cómo aumentaba la producción. Se convencieron. Y una vez que empezaron a superar a los demás turnos, el resto del departamento se dio cuenta.

Un día, durante una reunión, un operador experimentado del primer turno me retó delante de todos. "Si crees que es tan fácil, ¿por qué no lo haces tú mismo?". Lo miré y le dije: "Dame dos semanas". Me quedaba hasta tarde todos los días, practicando cada etapa: el trabajo duro, el de cinta, el de detalle. Estudié los estándares. Me cronometré. Dos semanas después, ejecuté la pieza que tenía delante y superé el estándar. Me miró, negó con la cabeza y dijo: "Vale... vale". Y ese fue el día en que se convirtió en mi mejor aliado.

El éxito de la celda de acabado se convirtió en un modelo a seguir. El gerente de planta llamó al dueño, quien voló desde Milwaukee para verla. Después de un recorrido y una conversación, me dijo: «Tenemos otro proyecto. Quiero llevarte a Oklahoma». Ese viaje cambiaría mi vida y sentaría las bases para mi regreso a México.

Pero antes de eso, aprendí algo importante en el departamento de acabado de Wichita: a veces, no se arregla un sistema con parches. Se desmonta y se construye uno mejor. Y cuando lo haces con respeto, con tus propias manos en el proceso, la gente te sigue, no porque tengan que hacerlo , sino porque creen en lo que estás construyendo.

Era una mañana fresca y despejada cuando el dueño de la planta se me acercó con una propuesta inesperada. Acababa de visitar la recién implementada celda de acabado y parecía visiblemente impresionado. Había oído hablar de las mejoras, la transformación cultural entre turnos y la dedicación que dedicábamos a esa celda. Con un firme apretón de manos y una sonrisa curiosa, dijo: «Me gustaría que volaras conmigo a Oklahoma».

No sabía qué esperar. Nunca había volado en un avión privado, y a medida que ascendíamos sobre las colinas de Arkansas, el mundo parecía encogerse, pero la sensación de posibilidad se expandía en mi pecho. El dueño se inclinó hacia mí en pleno vuelo y dijo: «Tengo planes para ti». Esas palabras quedaron en el aire como el zumbido de un motor.

Me explicó que nuestra empresa iba a formar una empresa conjunta con una corporación mexicana para construir una fundición completamente nueva en Monterrey. La inversión era enorme —70 millones de dólares— y la misión era igual de audaz: establecer una fundición de hierro dúctil de clase mundial desde cero. Quería que yo liderara los esfuerzos de ingeniería industrial, que estableciera los sistemas y capacitara a un equipo que pudiera hacer realidad esta visión. Era el tipo de desafío con el que había soñado.

Mientras él presentaba los planes, mi mente empezó a girar. Saltillo. El lugar en donde estaba la familia de mi esposa estaba a solo 45 minutos de Monterrey. El lugar donde comenzó nuestra historia. La vida había dado un giro completo.

Al llegar a casa, compartí la oportunidad con Patty. Tenía sentimientos encontrados. Por un lado, regresar a Monterrey significaba estar cerca de la familia. Por otro, habíamos construido una vida tranquila en Wichita. La familia, aunque cariñosa, a veces puede ser abrumadora, y a ella le preocupaba cómo la proximidad podría afectar nuestra independencia. Aun así, apoyó la idea.

Nos mudamos a Monterrey y me dediqué por completo a la planificación. Empezamos por reunir al equipo adecuado. Llevé a los nuevos ingenieros de vuelta a Wichita para que estudiaran las operaciones de primera mano y vieran cómo era un sistema exitoso. De vuelta en Saltillo, coordinamos la instalación de equipos, elaboramos la lista de materiales, redactamos los procedimientos operativos, las instrucciones de trabajo y desarrollamos materiales de capacitación. El sueño se estaba convirtiendo en un plan, y el plan se estaba convirtiendo en realidad.

Nos preparábamos para nuestra primera fundición de hierro dúctil, un hito que demostraría si todo lo que construíamos podía funcionar bajo las presiones de la producción real. Marcamos el calendario: 10 de septiembre de 2001. Tenía treinta y un años. Mi hija acababa de nacer. Estaba construyendo una fundición y un futuro.

Poco podíamos imaginar lo drásticamente que cambiaría el mundo al día siguiente.

Se suponía que sería un día de celebración. El 11 de septiembre de 2001 marcaria nuestra primera fundición exitosa en la nueva planta en Monterrey, un hito monumental en un proyecto que había requerido meses de planificación, coordinación y esfuerzo incansable. El horno se habría encendido, los moldes se habrían sujetado y el hierro dúctil fundido fluiría tal como lo habíamos imaginado. Esa mañana, me sentiría orgulloso, no solo por el trabajo, sino por las personas que lo hicieron posible.

Me desperté al día siguiente listo para regresar a la planta y mantener el impulso. Pero la naturaleza tenía otros planes. Caía una lluvia torrencial, golpeando los tejados de Monterrey como un tambor de advertencia. Mientras tomaba mi café y encendía la televisión, un noticiero local mostró imágenes de un autobús escolar atascado cerca del lecho de un río inundado. Los equipos de emergencia intentaban ayudar, y recuerdo haber pensado: «Ojalá pare pronto de llover; esto va a retrasarlo todo».

Entonces, la imagen en la pantalla cambió.

La voz de la presentadora de noticias se quebró levemente al informar que un avión se había estrellado contra una de las torres del World Trade Center en la ciudad de Nueva York. Al principio, pensé que era un accidente, una especie de incidente trágico y aislado. Me quedé allí mirando, paralizado y confundido. Entonces, en directo por televisión, el segundo avión impactó.

Fue entonces cuando todo cambió. Esto no fue un accidente. Fue un atentado. Afuera seguía lloviendo a cántaros, pero no era nada comparado con la avalancha de preguntas y miedo que se extendía por el país y el mundo.

Las imágenes que siguieron quedaron grabadas en mi memoria. Humo, fuego, gente corriendo por las calles cubierta de ceniza. Y entonces, lo inimaginable: una de las torres se derrumbó. Minutos después, la segunda. Me quedé inmóvil, incapaz de moverme, con la mente acelerada. ¿Es esto una guerra? ¿Qué pasará ahora?

Pensé en mi familia en Estados Unidos. Mis padres, mis hermanos. Aunque ninguno de ellos vivía cerca de Nueva York o Washington, no podía quitarme de la cabeza el miedo de que algo les pudiera pasar, o de que nuestro mundo se hubiera convertido en un lugar mucho más peligroso.

A pesar del miedo y la confusión, ese día fui a la fundición. Pero nadie estaba concentrado en las piezas fundidas ni en los flujos de proceso. Todos se apiñaban alrededor de radios y televisores, intentando comprender qué acababa de ocurrir. Los teléfonos no funcionaban correctamente. Las fronteras se cerraban. Los viajes aéreos se detuvieron. Parecía que el mundo entero se había puesto en pausa.

Durante los días siguientes, la producción quedó relegada a un segundo plano tras las noticias. Había un extraño silencio en la planta, una pesadez que no se disipó durante mucho tiempo. Aunque estábamos lejos del epicentro de los ataques, sentimos su impacto de igual manera.

En ese momento, me di cuenta de algo más. A pesar de todas las noches largas y los planes estratégicos, a pesar de todas las conversaciones sobre volúmenes de producción y eficiencia, hay momentos en la vida en los que todo lo demás se desvanece y lo que realmente importa cobra protagonismo. Esa semana, pensé en mi hija, de apenas unos meses. Pensé en Patty y en el mundo al que ella y yo estábamos trayendo a nuestra hija. Pensé en mi equipo, muchos de los cuales estaban asustados e inseguros, buscando respuestas en los líderes que ninguno de nosotros tenía.

El aumento de la productividad continuó, por supuesto. Los negocios siempre lo hacen. Pero algo había cambiado, no solo en el mundo, sino también en mí. Comprendí con mayor claridad el peso de la responsabilidad que tenía, no solo por las operaciones, sino por las personas. Personas reales con familias, miedos y un futuro prometedor. El tipo de comprensión que ningún programa de MBA ni manual de ingeniería puede enseñar.

El mundo nunca volvió a ser como antes del 11 de septiembre, y yo tampoco. Pero desde ese día, impregné mi liderazgo con algo más profundo: un sentido de urgencia no solo por el rendimiento, sino por la presencia. De estar presente. De conectar. De proteger. Porque cuando todo lo demás se derrumba, eso es lo que realmente importa. Creo firmemente en el dicho: «Unidos hacemos la fuerza, divididos caemos».

CAPÍTULO 15: DE REGRESO A WICHITA

Tras pasar varios años transformadores en México gestionando la puesta en marcha de la fundición, llegó el momento de empezar otra etapa. Regresamos a Wichita, Kansas, y aunque me consideraban el experto en reestructuración, el trabajo ya no me entusiasmaba. Mi reputación me había ganado la responsabilidad de resolver los problemas recurrentes del tercer turno, pero algo no encajaba. En México, había sido el gerente de la fundición, con el control total y generando un impacto directo. Ahora, de vuelta en Estados Unidos, simplemente era un solucionador de problemas del turno de noche, de nuevo desconectado de mi familia debido a los horarios irregulares. Me encontraba durmiendo cuando ellos estaban despiertos y despierto cuando ellos dormían.

Entonces, la vida cambió en un instante.

Mi madre me llamó con la noticia que me destrozó el mundo: le habían diagnosticado cáncer. Su voz al teléfono transmitía preocupación, pero era fuerte, incluso en ese momento vulnerable. Supe de inmediato lo que tenía que hacer. Ningún trabajo, ningún cargo, ninguna responsabilidad se comparaba con la necesidad de estar cerca de mis padres. Empecé a buscar oportunidades más cerca de ellos y finalmente encontré una: un puesto de Gerente de Mantenimiento e Ingeniería en una empresa que fabricaba aspiradoras con operaciones de fundición de aluminio.

No estaba en la misma ciudad, pero estaba bastante cerca. Nos mudadaríamos y, así como así, presenté mi renuncia de dos semanas.

Al principio, el nuevo puesto supuso un cambio de ritmo. Carecía de la adrenalina y los desafíos de las reestructuraciones o los arranques, pero me ofrecía algo que no había tenido en años: tiempo con mi familia. Mi hija y yo desarrollamos una estrecha relación: jugábamos videojuegos juntos, compartíamos música y veíamos películas. Tenía una amiga llamada Crista y me encantaba oírlas reír en la otra habitación. La vida era tranquila. El tratamiento de mi madre logró la remisión del cáncer y, por un tiempo, pareció que todos habíamos tomado un respiro.

Pero en el fondo, me sentía insatisfecho.

El trabajo no me inspiraba. Era predecible, repetitivo y carecía de la urgencia y el propósito que tanto me impulsaban. Me encontré cayendo en una silenciosa insatisfacción. La emoción que una vez impulsó mi carrera había desaparecido. Incluso con la alegría de estar con mi familia, algo se desequilibraba. No aprendía. No crecía. Y con el paso del tiempo, ese vacío empezó a afectar mi estado de ánimo.

Un día, me di cuenta de algo: no podía seguir viviendo una vida que apagaba mi pasión. Había hecho lo que debía hacer por mi familia, especialmente por mi madre. Pero ahora que su salud se había estabilizado, era hora de encontrar algo que reavivara mi espíritu.

Empecé a buscar de nuevo, no solo un trabajo, sino una misión. Quería transformar otra planta, ayudar a otro equipo y dejar huella. Quería ser la persona que pudiera volver a tomar el caos y transformarlo en claridad.

Porque eso era lo que yo era.

Y en el fondo, sabía que aún quedaban caminos por recorrer.

Aun así, permanecí en este puesto durante seis años. Hice un buen trabajo, lancé nuevos modelos y logré mejoras significativas. Apoyé a mi madre durante su tratamiento, que, milagrosamente, logró la remisión de su cáncer. Y una vez que la familia se recuperó emocionalmente, Héctor empezó a sentir el regreso de la vieja picazón: el ansia de construir, reparar y liderear.

La chispa no se había apagado. Simplemente había reposado, esperando a que se encendiera otra llama.

CAPÍTULO 16: FUEGOS, FORJA Y HERMANDAD

La planta de forja de Springdale, en Arkansas, era diferente a cualquier otro lugar en el que hubiera trabajado. Con su enorme distribución, vibraba con energía constante: 26 martillos de forja golpeando el metal para darle forma, hornos de tratamiento térmico que brillaban con intensidad y líneas de chapado que vibraban con actividad. Podías recorrer la planta y sentir el latido de la manufactura estadounidense, puro y directo. Este lugar tenía cierta determinación, la que emanaba de décadas de trabajo duro y plazos ajustados.

Llegué como Gerente de Mantenimiento con una sola misión: establecer una cultura de mantenimiento predictivo y proactivo. Pero era más fácil decirlo que hacerlo. La planta siempre estaba tan ocupada que el mantenimiento a menudo se quedaba en segundo plano. Los equipos se reparaban solo cuando se averiaban, se omitían las tareas preventivas y los residuos impregnados de aceite en áreas críticas no se revisaban.

El problema más alarmante se encontraba en el área de tratamiento térmico. El proceso requería calentar las piezas metálicas y luego sumergirlas en aceite para modificar su estructura molecular y aumentar su durabilidad. Con el tiempo, los vapores de aceite se acumulaban en los techos y paredes, convirtiéndose en situación de riesgo. Era solo cuestión de tiempo antes de que algo saliera mal, y salió mal.

Un día, estallaron llamas en el área de tratamiento térmico. Vi fuego elevándose 50 pies de altura, lamiendo el techo con una fuerza aterradora. Sonaron las alarmas de evacuación y el caos se extendió por la planta. Pero no podía irme así como así. Mi equipo, mis amigos, el sustento de cientos dependía de esas instalaciones. Les dije a mis compañeros que tomaran los extintores y las cuerdas. Mi supervisor de mantenimiento, Brian, y yo subimos al techo. Formamos una cadena humana, sacando extintores uno por uno mientras yo intentaba controlar las llamas hasta que llegaron los bomberos.

El gerente de la planta, también bastante nuevo , subió y ayudó. En medio del humo y el calor, se giró hacia mí y dijo: "¿Cómo hemos terminado aquí?". Lo miré a los ojos y le respondí: "Estamos aquí porque nos importa. Y te prometo que esta será la primera y la última vez que estaremos aquí".

Después de que el fuego se extinguió y el polvo se asentó, iniciamos una investigación completa. Los empleados veteranos no se sorprendieron; dijeron que ocurría un incendio aproximadamente cada dos años. Eso me impactó. No era solo un problema de mantenimiento, sino cultural. Investigué más a fondo y descubrí la causa: las chimeneas de extracción tenían marcos de madera bajo el exterior de acero inoxidable . Años de exposición al calor extremo habían secado la madera, convirtiéndola en carbón inflamable.

Propuse una solución: retirar toda la madera alrededor de las chimeneas y reconstruir las estructuras completamente en acero inoxidable. También programamos limpiezas profundas del techo y las paredes cada seis meses, algo innegociable. No era barato, pero el equipo directivo aprobó el plan. Desde entonces, las instalaciones nunca volvieron a sufrir un incendio de ese tipo.

Pero ese no fue el único incendio al que nos enfrentaríamos. Otro incidente ocurrió en el área de forja. Una manguera hidráulica reventó en uno de los martillos de forja, rociando aceite que se incendió al entrar en contacto con una pieza a 1000 °C. Los aspersores se activaron, empapando el suelo del taller. Mientras nos apresurábamos a controlar el incendio, le pedí a Brian una aspiradora de líquidos "wetvac". Mi acento distorsionaba las palabras, y en medio de la tensión, respondió en broma: "¿Para qué necesitamos más espaldas mojadas (wetbacks)? Ya te tenemos a ti".

Era una broma, quizás arriesgada, pero en ese momento nos reímos. La tensión se disipó y volvimos al trabajo. Ese era Brian. Grande, inteligente, comprometido y alguien que sabía cómo relajar los ánimos cuando más importaba. Se convirtió en mi mano derecha en la transformación de la cultura de seguridad y la disciplina de mantenimiento de la planta.

Pero el cambio se sentía en el aire. Llegó un nuevo gerente de planta, uno al que llamaban el "Ángel de la Muerte". Un líder corporativo encargado de la transición discreta de la producción al extranjero. No sabía qué se avecinaba, pero lo presentía. Los días de esta vieja potencia estaban contados.

CAPÍTULO 17: EL ÁNGEL DE LA MUERTE.

Mientras continuaba liderando mejoras en la planta de forja de Springdale, llegó una nueva figura de la empresa: alguien a quien todos llamaban "El Ángel de la Muerte". Había oído susurrar el apodo con inquietud en los pasillos, pero no lo comprendí del todo hasta el día en que me citaron en su oficina.

Estaba tranquilo, casi demasiado tranquilo, mientras me explicaba el plan. Mi tarea, dijo, ya no consistía en crear un programa de mantenimiento sostenible ni en garantizar el buen estado de los equipos a largo plazo. En cambio, mi misión ahora era preparar toda la planta para el cierre. Cada máquina debía estar en óptimas condiciones, no para que durara mucho tiempo, sino para ser desmontada, embalada y enviada al extranjero. La mayoría de las líneas de forja se trasladarían a Taiwán, mientras que una parte más pequeña se destinaría a México. El objetivo era claro: en un plazo de tres a cinco años, esta planta dejaría de existir.

La noticia me golpeó como un mazazo. Acababa de dedicar meses de mi vida a invertir energía, tiempo y liderazgo en transformar la cultura de esta planta. Había forjado relaciones sólidas, desarrollado confianza y guiado a personas que se habían convertido en líderes. Y ahora me pedían que ayudara a desmantelarlo todo.

Al volver a casa esa noche, me senté con Patty y le conté todo. Ella podía ver la frustración y la tristeza en mi rostro. "Sé lo que esto significa para ti", dijo. "Pero siempre has hecho lo correcto, y decidas lo que decidas, te apoyo".

En el trabajo, no podía decirle toda la verdad a mi equipo. La visión a largo plazo que había estado predicando ya no era válida. El mantenimiento preventivo y predictivo me parecía vacío, sabiendo que en pocos años, las máquinas desaparecerían y con ellas los empleos. Pero seguí liderando lo mejor que pude porque la gente aún merecía mi respeto y compromiso.

Empecé a ver lo que venía. Aunque me ofrecieron la oportunidad de quedarme y ayudar con la transición al extranjero, todo en mi interior me decía que ese no era mi camino. No es que estuviera en contra del cambio ni del trabajo internacional, pero esto no se sentía como crecimiento.

No podía formar parte de un proceso que, en última instancia, devastaría una comunidad por la que había llegado a sentir un profundo cariño. Actualicé mi currículum y, discretamente, comencé a buscar nuevas oportunidades: aquellas que se alinearan con mis valores y me permitieran construir, no desmantelar.

A veces, el liderazgo implica saber cuándo alejarse de algo, incluso si funciona bien, porque ya no se ajusta a tu identidad. Este fue uno de esos momentos. Tenía que seguir adelante, pero sabía que llevaría conmigo los rostros, las historias y el espíritu de Springdale a dondequiera que fuera.

CAPÍTULO 18: EL CAMINO A LA REDENCIÓN

Al dejar atrás la planta de forja, empecé una nueva etapa que me llevó al estado de Nevada. Acepté un puesto en una fundición de aluminio en Carson City. El trabajo era desafiante, a su manera, pero menos intenso que el caos incendiario que había dejado atrás en Arkansas. Por un breve tiempo, pensé que podría haber encontrado un nuevo hogar profesional, un entorno más tranquilo para aplicar mis habilidades. Pero el destino tenía otros planes.

Mientras me adaptaba a este nuevo puesto, un reclutador me contactaba constantemente. Había encontrado mi perfil y estaba convencido de que era el candidato perfecto para una oportunidad en una empresa global con sede en Alemania. Esta empresa operaba dos importantes plantas de fabricación: una en Michigan y otra en México. Le dije que acababa de empezar este nuevo trabajo y que no quería parecer desleal ni que cambiaba constantemente de trabajo. No era el momento adecuado. Pero él seguía llamando.

Finalmente, le comenté la situación a mi esposa. Su consejo fue simple y sabio: "Ve a ver. Nunca se sabe, podría ser algo genial". Así que, con un optimismo cauteloso y un poco de culpa, acepté visitar la empresa.

Durante la entrevista, me reuní con los gerentes de ambas plantas. El puesto era para Director de Mantenimiento de Norteamérica. Mi función sería mejorar el rendimiento y la fiabilidad en ambas ubicaciones. Estaría en Michigan, pero pasaría bastante tiempo en México. Pregunté en qué parte de México, y la respuesta me dejó atónito: Saltillo. El mismo lugar donde había comenzado mi aventura con Patty.

Solicité ver las instalaciones de Saltillo antes de tomar ninguna decisión. Teníamos programado un viaje para un fin de semana para que no interfiriera con mi trabajo actual. Pero el viaje fue un desastre logístico. Mi vuelo de regreso desde Saltillo se canceló debido a la densa niebla, así que conduje hasta Monterrey y tomé un vuelo allí. Llegué a Las Vegas tarde en la noche, solo para descubrir que el coche de alquiler que había reservado no estaba disponible. La empresa me cambió a un Ford Mustang blanco, un pequeño rayo de esperanza.

Conduje toda la noche, recorriendo solitarios caminos desérticos y pasando por el Área 51. No paré hasta llegar a casa. Después de una ducha rápida, fui a trabajar como si nada. Me dije a mí mismo que, pase lo que pase, las responsabilidades deben ser lo primero.

Las instalaciones de Saltillo me impresionaron. Estaban limpias, bien organizadas y llenas de potencial. Patty y yo hablamos sobre la oportunidad. Nuestra hija Anna estaba teniendo dificultades en la escuela en Nevada, y esta nueva aventura podría ayudarla a reconectar con sus raíces. Decidimos dar el salto.

Nos mudamos a Port Huron, Michigan, justo en la frontera con Canadá. Me pareció poético. Nací y crecí en la frontera entre México y Estados Unidos, y ahora estaba comenzando un nuevo capítulo en la frontera entre Estados Unidos y Canadá. Un momento de círculo completo que parecía estar escrito en las estrellas.

CAPÍTULO 19: UNA NUEVA VIDA EN LA FRONTERA NORTE

Establecerme en Port Huron, Michigan, fue como un nuevo comienzo simbólico. Era un pueblo en la frontera de Estados Unidos, justo al otro lado del puente de Sarnia, Ontario, Canadá: frío, tranquilo y desconocido. De la cálida familiaridad de la frontera entre México y Estados Unidos, habíamos llegado a las puertas de un mundo diferente, pero los paralelismos no se me escapaban. Así como mi infancia se había forjado a la sombra de una frontera internacional, aquí estábamos de nuevo, empezando de nuevo, a miles de kilómetros de casa, pero aún entre dos culturas, dos países, dos identidades.

Nuestro nuevo hogar era modesto pero cómodo, y lo más importante, representaba estabilidad. Para mi hija, esta era una oportunidad para seguir perfeccionando su inglés, adaptarse a un nuevo sistema escolar y redescubrir su propia identidad bicultural. Patty, siempre un pilar de apoyo, ayudó a facilitar la transición. Aunque le preocupaba estar lejos de su familia otra vez, abrazó la aventura conmigo. Ella ya lo había hecho antes, y habíamos sobrevivido. Ahora, era el turno de nuestra hija de aprender y adaptarse.

Tras un primer año sin contratiempos como Director de Mantenimiento de Norteamérica, la situación dio un giro radical. Surgió un importante problema de calidad con uno de nuestros principales clientes del sector automotriz. No se trataba de un simple inconveniente menor: se trataba de una crisis de gran magnitud que ponía en riesgo millones en contratos y la reputación de las plantas de Estados Unidos y México. La dirección necesitaba a alguien que tomara el control, encontrara la causa raíz y recuperara la confianza del cliente. Ese alguien era yo.

Asumí la responsabilidad del problema de inmediato. Reuní a los equipos de ambas plantas (México y Estados Unidos) y comencé a analizar a fondo el proceso. Se hizo evidente que la causa raíz se debía a una falta de alineación entre los estándares de calidad en ambas instalaciones. Si bien los equipos y sistemas eran de primera categoría, la alineación entre el personal, la capacitación y la ejecución era inconsistente.

Inicié reuniones diarias interfuncionales, coordinando a los equipos de calidad, mantenimiento y producción para abordar el problema rápidamente. Implementamos un proceso de contención, modificando temporalmente la producción para que cada pieza se revisara tres veces . Al mismo tiempo, lanzamos un programa completo de capacitación para estandarizar los procedimientos. Me reuní personalmente con el equipo de calidad del cliente para explicarles las medidas que estábamos tomando y fortalecer su confianza día a día.

La presión era inmensa. Se trataba de algo más que resolver un problema técnico: se trataba de recuperar la confianza. En cuestión de semanas, superamos la crisis. Las tasas de defectos disminuyeron, la satisfacción del cliente comenzó a recuperarse y los márgenes comenzaron a mejorar.

Poco después, el director ejecutivo de Alemania se puso en contacto conmigo. Había visto las cifras, oído hablar de la recuperación y comprendía el liderazgo necesario para alcanzar tales resultados. Me pidió que asumiera el cargo de gerente interino de planta en Saltillo para ayudar a estabilizar y reestructurar toda la operación.

Mi esposa y yo tuvimos una conversación importante. Anna todavía estudiaba en Michigan, pero Patty y yo sentíamos que esta podría ser una oportunidad única. Ella creía que Anna podría beneficiarse de reencontrarse con sus raíces mexicanas y que regresar a Saltillo, aunque fuera temporalmente, podría ser beneficioso para todos.

Así que, hicimos nuestras maletas y regresamos a Saltillo. Pero esta vez, la historia era diferente. Yo no era un joven persiguiendo un sueño. Era un líder experimentado que traía dos décadas de experiencia industrial transfronteriza a la ciudad donde todo comenzó para Patty y para mí.

En la planta de Saltillo, me centré en restaurar la moral del equipo y reconstruir la disciplina operativa. Establecí expectativas claras, restablecí la responsabilidad y reintroduje métricos de rendimiento en todos los departamentos. Dividí mi tiempo entre Saltillo y visitas ocasionales a las instalaciones de EE. UU., apoyando ambas operaciones y reforzando una cultura unificada.

Lo que hizo esta transición aún más significativa fue la reacción de Anna. Ya era una adolescente, hablaba inglés y español con fluidez, y aunque había crecido principalmente en EE. UU., se adaptó rápidamente a la vida en México. Reconectó con sus raíces y desarrolló un aprecio más profundo por el origen de sus padres.

Había cerrado el círculo. Una vez fui el chico de Piedras Negras que observaba a EE. UU. desde el otro lado de la frontera con curiosidad. Ahora era un líder que se movía entre países, conectando culturas, formando equipos y asumiendo la responsabilidad de cientos de empleados.

Aunque el camino por delante aún estaba lleno de desafíos, me sentía profundamente alineado con mi propósito. No todas las historias tienen un arco perfecto, pero este capítulo me recordó que a veces es necesario volver a las raíces para comprender verdaderamente lo lejos que has llegado y lo mucho que todavía tienes para dar.

Trabajar para una corporación alemana implicaba frecuentes viajes a Europa: visitas a fábricas, reuniones ejecutivas y largas jornadas entre aeropuertos y salas de conferencias. El ritmo era intenso, pero de vez en cuando encontraba tiempo para respirar. En uno de esos viajes de negocios, tomé una decisión : me tomaría un par de días libres para visitar Praga.

Había oído hablar de su belleza, por supuesto, pero nada me preparó para lo que encontré. Praga, hasta el día de hoy, sigue siendo la ciudad más hermosa que he visitado. Había algo mágico en el aire: la serena poesía de las calles adoquinadas, la elegancia de las fachadas barrocas, el misterio de los callejones sinuosos que parecían susurrar historias de siglos pasados. La arquitectura, la atmósfera, el equilibrio entre grandeza y quietud: todo era perfecto.

Mientras caminaba por el Centro Antiguo, finalmente me encontré frente a la Torre del Reloj Astronómico. Me senté en un banco cercano, dejando que el momento se instalara a mi alrededor. Los turistas se congregaban para el espectáculo cada hora, con las cámaras listas. Las figuras mecánicas comenzaron su danza: la muerte tocando la campana, los apóstoles apareciendo uno a uno, el gallo dorado cantando. Era hermoso. Hipnotizante. Antiguo.

Pero mi mente no estaba en el reloj.

Me quedé allí sentado, observando cómo se desarrollaba todo, y de repente un pensamiento me golpeó con toda su fuerza: *Un chico de la polvorienta Piedras Negras llegó hasta aquí.*

Cada decisión que había tomado, cada riesgo, cada desamor, cada victoria y cada fracaso, me había llevado a este lugar exacto, en este momento exacto, viendo este antiguo reloj marcar el tiempo en el corazón de Europa.

No se suponía que estuviera aquí, ni por las probabilidades ni por las estadísticas. Pero aquí estaba.

Pensé en mi padre, trabajando largas horas en la fábrica de jeans Wrangler. En mi madre, criando a tres hijos con una fuerza silenciosa. En el niño que una vez fui: curioso, inquieto, soñando con un mundo más allá de las fronteras. Y ahora, aquí estaba, sentado al otro lado del mundo, con un traje de negocios y reflexionando sobre una vida que había dado tantas vueltas.

Fue un momento de profunda gratitud y silencioso asombro.

No por dinero. No por éxito. Sino por *el viaje*.

En ese instante, comprendí hasta dónde podían llegar la fe y la perseverancia. Desde las cálidas y polvorientas calles de Piedras Negras hasta la fría piedra bajo mis pies en Praga: este era el camino que había trazado. Ladrillo a ladrillo. Decisión tras decisión.

Nunca se trató solo del trabajo, ni de los viajes, ni siquiera del reloj. Se trataba de detener el tiempo lo suficiente para reflexionar, para honrar el camino recorrido y para recordarme que seguía avanzando.

Llevaba años soñando con llevar a Patty y Anna a Europa. Después de pasar tanto tiempo viajando por negocios, a menudo solo, quería que experimentaran los lugares que me habían inspirado, las historias que se escondían en las calles y la belleza que no se puede capturar en fotos. Así que lo hicimos realidad. Empacamos ligero, pero cargamos con el peso de la emoción, la curiosidad y los sueños de siempre.

Volamos a Fráncfort, Alemania, donde comenzó nuestra aventura europea. En el aeropuerto, alquilamos un coche y partimos, sin saber que íbamos a recorrer más de 6.400 kilómetros por el corazón de Europa.

Nuestro primer destino fue Praga, una ciudad que siempre ha ocupado un lugar especial en mi corazón. De allí, continuamos hacia Viena, donde la elegancia del pasado parecía flotar en el aire. Luego llegamos a Venecia, donde navegamos por canales y nos perdimos en callejones llenos de música y arte. Florencia nos recibió con su belleza renacentista, y Roma nos llenó de historia. El Vaticano nos dejó sin palabras con su grandeza sagrada, y Pompeya nos enfrentó a una tragedia antigua congelada en el tiempo.

Después de Italia, cruzamos al sur de Francia: visitamos Cannes y luego pasamos por Grenoble y Lyon. Cada ciudad era un nuevo capítulo, un nuevo sabor, un nuevo ritmo. Pero fue París la que nos animó a quedarnos.

París se convirtió en algo más que un destino más: se convirtió en nuestra recompensa. Nuestro descanso. Nuestra reflexión.

Las mañanas transcurrían con croissants recién hechos, las tardes paseando por museos o contemplando los barcos en el Sena, y las noches disfrutando de las luces de la Torre Eiffel. Patty disfrutaba del encanto de cada esquina, y Anna, con los ojos abiertos, lo contemplaba todo como si fuera un sueño hecho realidad.

Quería seguir adelante, esforzarme más, ver más. Pero mis mujeres estaban cansadas. Ya no querían apresurarse. Querían vivir el momento, no solo pasarlo por alto. Así que las escuché.

A veces, el mejor regalo que puedes darle a tu familia no son más lugares, sino más presencia.

Pasamos nuestros últimos días en París simplemente estando juntos. Riendo. Caminando. Comiendo. Recordando. Y cuando llegó el momento, volvimos al coche y recorrimos el largo camino de regreso a Fráncfort: 6.400 kilómetros a nuestras espaldas y toda una vida de recuerdos en nuestro interior.

Ese viaje me enseñó que los verdaderos hitos no son aquellos que fotografías, sino los momentos en los que te detienes, miras a las personas que están a tu lado y te das cuenta de que han llegado juntos a un lugar hermoso.

CAPÍTULO 20: UN SUEÑO CUMPLIDO

Unos meses después de regresar de nuestro viaje a Europa, la vida parecía haber encontrado un ritmo cómodo. Pero entonces llegó una llamada que cambiaría el curso de la historia de nuestra familia. Mi madre llamó: mi padre había sufrido una convulsión mientras comía. Nunca antes había tenido una y, durante unos minutos, no la reconoció. Alarmados, buscaron ayuda médica. Le realizaron una serie de pruebas. El diagnóstico fue devastador: tres tumores en el cerebro. Un cáncer agresivo. Inoperable. Los médicos calcularon que le quedaban tres meses de vida, seis si la radioterapia ayudaba.

Mi padre tenía 74 años. Antes de esto, había sido activo, agudo y lleno de vida. Corrí a su casa para estar con ellos. Todavía estaba consciente, seguía siendo el padre que recordaba, aunque ahora con la carga de saber lo que le esperaba. Había decidido no someterse a la radioterapia. Prefería calidad a cantidad. Pero mi madre le suplicó que lo intentara, que se quedara con ella un poco más. Finalmente cedió y aceptó el tratamiento, no por él, sino por ella.

Regresé al trabajo, atormentado por la imagen de mi padre lidiando con su mortalidad. Recordé un sueño que siempre había albergado: algún día conducir un Corvette Stingray rojo. Nunca lo hizo; las responsabilidades de la vida siempre prevalecían. Pero podía hacer algo. En mi siguiente viaje para visitarlo, alquilé lo más parecido que encontré: un Camaro rojo convertible. No era un Corvette, pero serviría.

Cuando llegué, al principio no me reconoció. Pero sus ojos se iluminaron al ver el auto. "¿Quieres dar una vuelta?", pregunté. Mi madre protestó; él no podía conducir, pero le aseguré que iría de copiloto. Salimos a la carretera, mi padre en el asiento del copiloto, mis sobrinos y mi sobrina atrás, y recorrimos el centro de Amarillo. Durante esas pocas horas, fue un hombre diferente: sonriendo, riendo, con el viento en el pelo. Ese paseo fue uno de los últimos buenos recuerdos que compartí con él.

Le dije a mi hermano Jorge que me llamara cuando llegara el momento. Unos meses después, lo hizo. Los médicos habían dicho que no tardaría mucho. Todos nos reunimos junto a su cama. Nos despedimos. Cuando falleció, mi madre lloró, rogándole que no la dejara. Se movió un momento, como si su voz lo hubiera devuelto. Le dije con dulzura: «Tienes que dejarlo ir. Necesita descansar. No te preocupes, te cuidaremos».

Falleció en paz. En su funeral, algunos de sus antiguos compañeros de trabajo vinieron y compartieron historias del Sr. Ibarra: el líder, el mentor, el amigo. Estaba orgulloso del legado que dejó. No solo había mantenido a su familia, sino que había influido en tantas vidas. Mi camino siempre estuvo impulsado por el deseo de honrarlo, y en ese momento, sentí tanto dolor como gratitud.

Tras la muerte de mi padre, la casa se sentía más pesada. El aire se impregnaba de silencio y la ausencia de su voz resonaba en cada rincón. Mi madre, aunque fuerte, estaba claramente desconsolada. Habían compartido una vida de más de cuatro décadas. Había perdido a su compañero de vida, su confidente y su compañero de vida. Sabía que debía hacer algo para ayudarla a transitar esta nueva etapa.

Le dije a mi hermano Jorge que me llevaría a nuestra madre de vuelta a casa con nosotros por un tiempo. Esperaba que la distancia de los recuerdos grabados en cada pared de su casa la ayudara a respirar con más tranquilidad. Antes de irnos, le pedí a Jorge que cambiara algunas cosas de la casa: reorganizara los muebles, pintara las paredes, cualquier cosa que ayudara a suavizar los recuerdos a su regreso. La idea no era borrar el pasado, sino darle una nueva perspectiva, una menos dolorosa de mirar.

En nuestra casa, hicimos todo lo posible por mantenerla ocupada. La sacamos a pasear, le mostramos nuevos lugares e hicimos todo lo posible por devolverle un poco de alegría a sus días. Una noche, mientras veíamos juntos un clásico del cine, habló de su amor por la música y el cine. Se le iluminaron los ojos y compartió algo que nunca antes había oído: su sueño siempre había sido ir a París. Mi padre le había prometido llevarla algún día, pero la vida, las responsabilidades y las finanzas se lo impidieron. Esa promesa nunca se cumplió.

Puede que el sueño de mi padre no se hiciera realidad tal como él lo imaginó, pero en cierto modo, sí. Y al honrar sus sueños, encontré más claridad para los míos.

Algunas promesas se hacen con palabras. Otras se hacen con amor y se guardan en silencio hasta que llega el momento oportuno.

Meses después, tras su fallecimiento, decidí que era el momento. Mi madre lo había dado todo a nuestra familia, y ahora me tocaba a mí devolverle algo. Le dije que íbamos a Europa, no solo por las vistas, sino para recorrer el camino que mi padre nunca pudo recorrer con ella.

Hicimos las maletas y cruzamos el Atlántico en avión. Fue más que un viaje: fue un homenaje.

Nuestro viaje nos llevó a lugares que ella solo había imaginado: las antiguas catedrales de Alemania, las encantadoras calles de Italia, la fascinante historia de Núremberg. Pero fue París el que hizo realidad el sueño.

París era el lugar donde el espíritu de mi padre se sentía más cerca.

Mientras estábamos frente a la Torre Eiffel, los ojos de mi madre se llenaron de lágrimas. No dijo mucho. No tenía por qué hacerlo. Sabía lo que significaba para ella. Y yo también sentí algo: no solo orgullo, sino paz. Porque en ese momento, supe que habíamos cumplido algo. No éramos simples turistas. Estábamos cumpliendo un deseo.

Ese viaje me recordó que el amor no termina con una despedida. Continúa en las promesas que cumplimos, en los sueños que llevamos adelante y en los recuerdos que creamos para quienes no pudieron.

Para mi madre, fue un viaje de sanación. Para mí, fue una forma de agradecerle, no solo a ella, sino también a mi padre, por todo lo que había hecho y por todo lo que aún me inspira a hacer.

Caminamos, reímos, lloramos. Y al volver a casa, trajimos más que recuerdos. Trajimos un cierre. Trajimos luz. Y trajimos la tranquila satisfacción de una promesa cumplida.

Tras el viaje a Europa con mi madre, algo cambió en ella. Regresó a casa más tranquila, con el espíritu más ligero y llena de gratitud. La aventura que compartimos había honrado la memoria de mi padre de la mejor manera posible: no con duelo, sino con movimiento, descubrimiento y el cumplimiento de la promesa que una vez le hizo. La promesa de llevarla a París ya no estaba incumplida. En cierto modo, él la había llevado allí: a través de mí, a través de nuestro amor y compromiso compartidos como familia.

Al regresar a casa, la recibió no los mismos ecos de la pérdida, sino un espacio que se sentía ligeramente diferente. Mi hermano Jorge siguió mi sugerencia: reorganizó los muebles, pintó las paredes con colores frescos e hizo cambios sutiles para aliviar la carga emocional de regresar a la casa donde había pasado décadas con mi padre. Seguía siendo su hogar, pero ahora tenía un nuevo ritmo, un nuevo tono. No estaba empezando de cero, sino continuando , con nuevos recuerdos que la impulsaban hacia adelante.

En retrospectiva, ese viaje con mi madre fue más que unas vacaciones: fue el cierre de un capítulo, un puente entre el pasado y el futuro. Se trató de sanar, honrar y reencontrar la alegría. Ella siempre había sido la fuerza silenciosa que impulsaba a nuestra familia, y ahora me tocaba a mí serlo para ella. La cuidé como ella me cuidó, y al hacerlo, me sentí más cerca que nunca de mis padres.

La vida avanza, pero algunas promesas perduran a través del tiempo. Y cuando las cumples, no solo de palabra, sino con hechos, se vuelven eternas.

Al regresar de nuestro segundo viaje a Europa, la vida pareció tomar un ritmo estable. Mi madre, ahora más tranquila tras conocer los lugares con los que alguna vez soñó, regresó a su casa. Anna, sin embargo, empezó a lidiar con las diferencias culturales tras nuestra mudanza a México. Sufría un duro acoso por parte de sus compañeros, principalmente por su español. Aunque entendía y hablaba el idioma, su estructura oracional era inversa: pensaba en inglés mientras escribía en español, lo cual no es raro en niños bilingües.

A pesar de sus esfuerzos, algunos compañeros eran implacables. Las burlas, los apodos y la constante necesidad de demostrar su valía le restaron confianza y alegría. Un día, vino a mí y me dijo: «Papá, quiero volver a Estados Unidos. Esto no es para mí. Quiero terminar la preparatoria en Estados Unidos y empezar la universidad allí». Sabía que lo había pensado bien.

Le pregunté si ya había decidido qué carrera seguir. Con convicción, dijo: «Quiero ser veterinaria».

Patty tenía un amigo veterinario y le pregunté si podía dejar que Anna lo acompañara en la clínica. Aceptó, pero dejó claro que no sería remunerado. Me pareció bien. Solo quería que probara el oficio de verdad. Anna se puso manos a la obra. Ayudaba a limpiar jaulas, con tareas menores e incluso observaba cirugías. Un día le pregunté: "¿Y esto es lo que quieres hacer?". Sonrió y dijo que sí, y añadió: "Pero hay algo que no haré". "

¿Qué es eso?", pregunté.

"No voy a desungular gatos ni cortarles la cola ni las orejas a los perros. Es cruel. No se trata de la salud del animal, sino de la estética o la comodidad del dueño. No puedo soportarlo".

Admiraba sus principios, pero también fui realista. "Sabes que eso podría perjudicar tu negocio", le dije. "Si no les das a los clientes lo que quieren, podrían irse a otro sitio".

"Prefiero hacer otra cosa", respondió con firmeza. Quizás zoología. Puedo trabajar con animales en la naturaleza, estudiarlos, protegerlos. Seguiré ayudándolos, solo que de una manera diferente.

Era evidente que no solo tenía pasión, sino también claridad. Le dije: «Si eso es lo que quieres, adelante».

La trayectoria de Anna me recordó la mía: un camino lleno de giros y vueltas, guiado por la convicción y los valores. Verla encontrar su propio camino me llenó de orgullo. No solo estaba aprendiendo de la vida, sino que estaba forjando su propia historia, igual que yo había forjado la mía.

Hablé con la gerencia y nos mudamos nuevamente a Port Huron para que Anna asistiera al último año de la escuela preparatoria y se preparara para ir a la universidad y seguir su pasión como zoóloga.

En el trabajo todo iba bien y de repente se nos presentaba otro desafío.

El liderazgo no se pone a prueba en mares tranquilos, sino en tormentas. Durante la pandemia de COVID-19, enfrentamos una tormenta sin precedentes.

Cuando el nuevo director financiero alemán se incorporó a la empresa, trajo consigo una mentalidad financiera aguda, un currículum impecable y una visión externa de cómo debían funcionar las cosas. En teoría, era justo el tipo de líder que nuestra operación multinacional necesitaba: orientado a los datos, pragmático y disciplinado. Pero lo que le faltaba era comprensión. No de números, sino de personas.

A medida que el virus se propagaba y las fronteras empezaban a cerrarse, nuestro equipo directivo se enfrentó a decisiones cruciales. Se cancelaron planes de viaje. Se congelaron los presupuestos. Los empleados se preocupaban por su salud, sus familias y si tendrían trabajo mañana. Era un caos. Y en ese caos, una sola decisión reveló todo sobre el estilo de liderazgo de nuestro nuevo director financiero.

Teníamos un ingeniero de mantenimiento, un hombre humilde y trabajador de nuestra planta en México. La empresa le ofreció una visa de trabajo. Se mudó con sueños e ilusiones. Al mudarse, su esposa estaba embarazada y ahora tenía un bebé recién nacido. Se mudó a nuestras instalaciones de Port Huron para apoyar la instalación de un equipo importante. Era hábil, confiable y muy comprometido. Pero luego, el mundo se paralizó y lo despidieron. Recurrí a mi propio dinero para ayudarlo a él y a su familia a regresar a México. Fuimos al consulado mexicano, conseguimos un pasaporte para su bebé recién nacido y él y su esposa volaron de regreso a México. El ingeniero y yo alquilamos un Uhaul y manejamos desde Michigan hasta la frontera para que pudiera traer todas sus pertenencias a casa.

Él no era el único; en ese momento todos los operadores habían sido despedidos, y los ingenieros, gerentes, incluido yo mismo, estábamos haciendo doble turno o turnos rotativos.

El siguiente paso del CFO fue, necesitamos reducir más costos, me preguntó que necesitaba recortar el salario de todos en un 30%, no estuve de acuerdo, le dije, esta gente ya está haciendo trabajos que no estaban en sus descripciones de trabajo, las expectativas eran hacer su trabajo y también ser operadores y lo estaban haciendo, la moral aún estaba buena, pero si les decía esto perderíamos toda lealtad a la corporación, le dije, nada dura para siempre y una vez que esto pase, necesitaremos su apoyo para reconstruir.

No estuvo de acuerdo. Me había esforzado mucho para formar un equipo, y los gerentes de planta estaban debidamente capacitados. Como expresé mi opinión, al día siguiente me despidieron. No me dieron las gracias por seis años de trabajo, ni por todos los nuevos negocios, ventas y ganancias que había generado. No recibí ninguna bonificación que hubiera ganado antes de la pandemia, ni vacaciones, ni indemnización por despido. Nada.

Ese momento me enseñó algo importante: un título no te convierte en líder. Tus decisiones sí. Tu empatía sí. Tu disposición a ver a las personas como algo más que líneas en una hoja de cálculo sí.

En tiempos de crisis, los verdaderos líderes aparecen. No se esconden tras las políticas. Se arremangan y preguntan: "¿Qué necesita nuestra gente ahora mismo?".

Esa experiencia me quedó grabada, no solo por lo que le pasó a él, a otras personas y a mí, sino porque me recordó por qué lidero como lo hago. Las personas primero. Siempre.

CAPÍTULO 21 – EL CAMINO POR DELANTE

Mientras reflexiono sobre el camino recorrido, es difícil no sentir una profunda gratitud por las dificultades, los triunfos, los giros inesperados y los momentos de tranquilidad y claridad. Desde las polvorientas calles de Piedras Negras hasta las salas de juntas en Alemania y más allá, mi trayectoria ha estado impulsada por sueños, definida por decisiones y moldeada por la resiliencia.

Ahora, como Director de Operaciones de una empresa que valora a las personas tanto como el rendimiento, finalmente siento que he llegado a un punto donde la mente y el corazón están alineados. Formo parte de un equipo que cree en la conexión, la cultura y la visión, no solo en números y gráficos. Es una alineación poco común en el mundo corporativo, y la valoro.

Pero mi trayectoria no ha terminado.

Puede que tenga 55 años, pero en muchos sentidos, me siento tan lleno de energía como a los 25: sigo aprendiendo, sigo soñando. Con 10 o 15 años restantes de carrera profesional, quiero dedicarlos no solo a lograr resultados, sino también a ser mentor. Ayudando a otros a ascender. Construyendo legados que perduran más allá de cualquier título.

En casa, mi hija se ha convertido en una joven reflexiva y decidida. Mi esposa sigue siendo mi ancla, mi compañera, mi recordatorio de dónde empezamos y por qué hemos perdurado. Y llevo conmigo el recuerdo de mi padre: sus sacrificios, su fuerza, sus promesas. Su camino iluminó el mío.

La vida me ha enseñado que el camino no tiene que ser perfecto. Simplemente tiene que ser tuyo. Y mientras sigas recorriéndolo, con integridad, propósito y un corazón abierto, ya tendrás éxito.

Este no es el final de mi historia. Es simplemente el cierre de un capítulo... y la anticipación del siguiente.

El camino de un soñador nunca termina realmente. Simplemente continúa, forjado por la visión, iluminado por la esperanza y recorrido con valentía.

DESCARGO DE RESPONSABILIDAD

Este libro fue escrito y compilado con el apoyo editorial y estructural de ChatGPT, desarrollado por OpenAI. El contenido y las experiencias son propiedad intelectual exclusiva del autor. Se utilizó colaboración asistida por IA para refinar el lenguaje, organizar los capítulos y preservar la narrativa del autor.

EXPRESIONES DE GRATITUD

Ante todo, quiero agradecer a mi esposa, Patty, por su inquebrantable amor, lealtad y fortaleza. Has caminado a mi lado en cada capítulo de la vida: en luchas, victorias, incertidumbre y crecimiento. Eres el corazón de mi historia, la calma en mi caos y la mano firme que me sostuvo cuando el camino era más difícil.

A mi hija Anna, gracias por inspirarme cada día con tu curiosidad, inteligencia y corazón compasivo. Verte crecer ha sido una de las mayores alegrías de mi vida.

A mis padres, cuyos sacrificios sentaron las bases de todo lo que he logrado. Papá, tu silenciosa ética de trabajo y compromiso me enseñaron lo que significa ser un hombre. Mamá , tu resiliencia y amor infinito fueron una luz que me guió en cada tormenta. Los llevo a ambos conmigo en cada paso que doy.

A mis hermanos Alex y Jorge, gracias por las risas, el apoyo y los recuerdos que compartimos. Son parte de cada etapa de este viaje, y estoy orgulloso de dónde venimos todos y hacia dónde vamos.

A los mentores, maestros, compañeros de trabajo y amigos que moldearon mi carácter y mi carrera: sus lecciones, tanto directas como indirectas, ayudaron a forjar la persona en la que me he convertido. Gracias por las oportunidades, los desafíos y la confianza que depositaron en mí.

Y, por último, a todos los que se tomaron el tiempo de leer este libro: gracias por acompañarme en este viaje. Espero que en estas páginas encuentren no solo mi historia, sino también reflexiones propias.

Este libro fue posible gracias a la memoria, la perseverancia, el amor y un sueño que se negó a abandonar.

ACERCA DEL AUTOR

Héctor Ibarra es un autor galardonado con el International Impact Book Award y un respetado ejecutivo de operaciones y manufactura. Su trayectoria de liderazgo abarca múltiples países, donde ha guiado equipos a través de lanzamientos de plantas, transformaciones organizacionales y procesos de recuperación operativa.

Nacido en México y ahora líder en la industria manufacturera en Estados Unidos, aporta una perspectiva única moldeada por la resiliencia, la humildad y un compromiso constante con el crecimiento personal y profesional.

Su primer libro, *El Camino de un Soñador*, establece la base de su siguiente obra, *El Camino de un Líder*, un relato de liderazgo que explora los principios que impulsan a los equipos de alto desempeño y el liderazgo auténtico en el mundo actual.

Más información en: www.theroadofadreamer.com

FOTOGRÁFIAS : MOMENTOS A LO LARGO DEL CAMINO

Mi madre y mi padre: el corazón y la columna vertebral de todo lo que soy.

Los días más largos eran los más felices. Jugábamos en la tierra sin preocupaciones, sin saber que estábamos sembrando los valores que nos sostendrían de por vida.

Patty y yo en las calles de Saltillo, donde nuestra historia comenzó con promesas silenciosas.

Un amor sencillo, profundo y eterno. Un sí que nos unió para siempre.

Anna Lena, mi amiga sueca, de visita en Saltillo. Nos acompañó a una boda católica mexicana y compartió recuerdos que fusionaron dos culturas.

Una mirada que ilumina la habitación. Mi razón para seguir soñando.

Un sueño no se construye solo. Este equipo marcó un antes y un después en mi vida profesional.

Mi aventura por Nevada, justo antes de comenzar el siguiente capítulo en el trabajo.

Un sueño cumplido. Mi madre en la Torre Eiffel: la promesa que mi padre no pudo cumplir, la hicimos realidad juntos.